캘리 쓰기의 힘

쓰기만 해도 인생이 달라지는 1획의 비밀

캘리 쓰기의 힘

김정주 지음

오후의책

경단녀,
거친 손으로 붓을 잡다

'향긋한 오월의 꽃향기가 가슴깊이 그리워지면

눈 내린 광화문 네거리 이곳에

이렇게 다시 찾아와요'

좋아하는 가수 이문세의 〈광화문 연가〉 중 일부다. 이 가사는 언제나 내 마음을 덜컹거리게 만든다. '지나온 세월이 생각날 때면 지금 너의 모습을 봐'라는 메시지 같아, 노래를 들을 때마다 지긋이 나 자신을 쳐다보곤 한다.

나는 글에 대한 영감이 필요하거나 캘리 글감이 필요할 때면 광화문에 종종 가곤 한다. 서점이 있는 광화문 교보빌딩은 1980년도에 지어진 건물이다. 햇수로 벌써 37년이다. 그래서인지 주변에 생겨나는 새로운 건물들과 이 건물을 보면 왠지 부모와 자식 같은 느낌이 든다. 이 빌딩보다 조금 더 나이를 먹은 나의 지나온 세월을 돌아보면 참으로 많은 일이 있었다. 그중 내 인생을 바꿔놓은 세월은 오로지 손글씨 하나로 강의를 시작한 10년 남짓이다.

　　캘리그라피 강의를 하면서 다양한 연령대의 다양한 삶의 이야기들을 만났다. 특히 내가 강의하는 곳이 서울시의 지원을 받아서 여성들의 능력을 키워주고 자립할 수 있도록 도와주는 교육기관이다 보니 경력단절여성과 주부들이 대다수다. 이들에게도 꿈이 있었다. 하지만 그 꿈은 아내와 엄마라는 이름표를 다는 순간 어디에 둔지도 모른 채 마음 구석진 곳으로 조용히 밀려났다. 어린 자녀의 양육으로 다시 무엇을 시작해야 한다는 것을 생각하지도 못한 채 《82년생 김지영》 속의 동생 같은 지영이도 있고, 자신의 모든 시간을 바쳐 양육했던 자녀들의 성장 앞에 허기진 내면의 소리가 들리기 시작했다는 언니들도 있었다. 캘리그라피가 인기를 끌면서 궁금해서 배우는 사람도 있고, 분명한 도전의 대상으로 삼고 주체할 수 없는 열정으로 오는 사람도 있었다. 그리고 제각각의 이유를 가지고 모인 수강생들의 최대공약수는 손놓고 백세를 살수 없다는 것과 인생2라운드를 함께 뛰어줄 직업이 될 취미를 가지고 싶다는 것이었다.

　20대가 취업을 위해 스펙을 준비한다면, 40대는 현 위치에서 고립되거나 밀려남에 대비해 자신만의 방패를 하나씩 준비해야 한다. UN에서 발표한 자료에 의하면, 일본은 고령화 사회로 접어드는 데 25년이 걸렸는데 한국은 17년밖에 안 걸렸다. 세계 1위의 속도로 고령화사회로 접어든 우리는 30대부터 노년을 대비해야 할 판이다.

　새로운 일로 무엇을 선택할 것인가를 고민하던 바로 그때 캘리그라피가 눈에 들어왔다.

　"그래, 새로운 변화를 가져보는 거 괜찮지. 근데 신중하게 생각해 보기 바라."

　전직을 그만두었을 때 들었던 말이었고, 경력단절에서 다시 새롭게 무언가를 시작하려고 했을 때 들었던 조언이었다. 이 말 속에는 '변화는 좋지만 네가 상상하는 방향으로 변하지 않을 확률이 더 크니 섣부르게 행동하지 마라'의 뜻도 숨겨져 있다. 즉, 가만히 있는 것이 더 나을 수도 있다는 의미다. 그리고 내가 책을 쓰기 시작했다고 몇몇의 지인에게 알렸을 때도 이와 비슷한 반응이었다. 캘리그라피로 강의가 아닌 사업을 하는 것이 좋은 건지 모르겠다고 걱정했었고, 책을 쓴다고 했을 때 헛된 꿈을 꾸는 게 아닐까 걱정해 주었다.

　지금껏 오랫동안 결정을 미루는 것을 신중함이라 여겼다. 의사결정을 미루는 것을 신중하게 생각하는 것으로 여겨 결국 아무것도 못하거나 안하거나로 귀결되었던 것이다. 그러나 더 이상 미루기에는 분명한 꿈이 내 안에서 자라나고 있었다. 어떤 목적지를 향해 갈지 말지 고민된다면 일단 가라고 했던 아버지의 말을 이제야 실행하고 있다. 그리고 알지 못하는 길을 간다는 것에 대한 염려와 걱정을 누구보다 잘 알고 있는 내가, 가보지 않을 길을 새롭게 나서려는 수많은 김지영들을 위해 작은 빛으로 그 막막한 길을 비춰주고 싶다. 그래서 수강생들과 마주앉게 되면 목이 아프게 강조한다. 끝까지 가보라고. 내가 처음부터 지금까지 물어 물어서 지나온 길을 알려주겠다고.

나의 전직을 얘기하면 열에 아홉은 나와 딱 맞는 직업이라고 한다. 나는 8년간 은행원으로 첫 사회경험을 했다. 은행을 계속 다녔다면 수입면에서 안정적이고 다양한 혜택을 받을 수 있는, 누구나 미루어 짐작할 수 있는 복지를 누리며 40대까지 지냈을 것이다. 그러나 손글씨에 소질이 있는 나를 만나지는 못했을 것이고, 사업자가 되어 부가세 신고를 걱정하고, 쓸데없을 것 같던 오래된 전공관련 용어를 소환해서 써먹는 경험 역시 해보지 못했을 것이다.

경력단절여성이라는 말은 누가 불러주는 호칭이 아니라 스스로 붙여놓은 것일지도 모른다. 직장을 그만두고 집안일을 한다고 해서 경단녀가 되는 것이 아니다. 경단녀라는 호칭으로 불리게 된다는 것은 사회의 경제활동을 하는 구성원이 다시 되고자하는 의지가 있다는 의미이다. 즉, 경제활동으로의 재진입을 위해 구직활동을 하는 순간 경단녀로

분류되어 교육을 받게 되고 원하는 곳으로 연결되어지는 과정속에 놓이게 된다는 것이다. 많은 주부들은 저렴한 비용으로 자신이 희망하는 교육을 듣고 새로운 일을 찾기 위해 여성전문교육기관을 찾는다. 그 시기는 빠르면 둘째가 어린이집에 다니거나, 늦으면 자녀가 청소년기이거나 마쳤을 때가 대부분이다.

나 또한 이 즈음에 종종거리며 배움의 시간을 가졌고, 끝나면 정신없이 아이들을 데릴러 가야 했다. 그렇게 힘들게 배우기 시작한 손글씨로 다시 사회에 진입할 수 있었다. 가장 쉽게 만드는 명함이 강사라고 하지만 이 타이틀을 얻기 위해 수많은 시간을 컴퓨터에서 헤엄치며 조사를 하고, 공공기관과 학교에 전화를 하기도 하고 때론 직접 방문까지 해가며 설명을 하기도 했다. 그리고 사는 지역 주변 상권을 주말마다 돌아다니며 명함을 돌리기도 했다. 이렇게까지 할 수 있었던 이유는 손글씨가 좋아서라기보다는 저렴하지 않은 비용을 들여 배운 수업의 원금은 회수해야 한다는 경영학도적 마인드가 작용했다고 고백한다.

어떤 이유에서건 나는 점점 단단해졌고 강사로 활동하는 것뿐 아니라 밤샘작업에도 재미가 붙었다. 그 재미의 부작용이 나타나기 시작했는데, 나의 손은 지나온 흔적들을 정말 착실하게 보여주고 있었다. 아무리 핸드크림을 발라도 거칠어진 손은 감추어지지 않아 손 내미는 것이 꺼려질 정도다. 지금도 여전히 거친 손가락 탓에 스타킹을 신을 때면 올이 쉽게 나가지만 거친 손이 써내려간 캘리그라피에 감사를 표하는 사람들이 있어 더욱 용기를 낸다. 감추지 말고 당당하게 붓을 잡은 손을 보여주라고 말이다.

프랑수아 를로르가 쓴 『꾸뻬씨의 행복 여행』에서 주인공 꾸뻬가 작성한 행복에 대한 목록 중에 기억에 남는 4가지가 있다.

행복은 때때로 뜻밖에 찾아온다.
행복은 자신이 좋아하는 일을 하는 것이다.
행복은 자신이 다른 사람에게 쓸모가 있다고 느끼는 것이다.
행복은 살아 있음을 느끼는 것이다.

나는 삶이 가장 불만족스러울 때 캘리그라피를 만났다. 쓰면서 차츰 더 좋아하게 되었고, 내가 쓴 캘리그라피가 나뿐 아니라 다른 사람에게도 긍정의 힘이 되어 준다는 것을 알게 되었다. 캘리그라피와 함께한 시간은 손을 거칠게 만들었지만 붓을 잡을 용기를 허락했고, 강사로서 강의실 문을 자신 있게 열고 들어갈 수 있는 힘을 주었다. 홀로 당당하게 설 수 있게 만들어준, 그래서 지금 살아있음을 느끼게 해준 것에 참으로 고마움을 느낀다.

그리고 여전히 겁먹은 경력단절 후배들 앞에서 거친 손으로 캘리그라피의 한 획이 가진 힘을 전하고자 한다. 이제 당신의 거친 손으로 붓을 잡아보기를 진심으로 바란다.

목 차

1장

붓을 잡은 그대에게

누구에게나
인생은
처음이야
서툴러도
괜찮아

나는 소질이 없나 봅니다

"저도 그래요!"

한글 캘리그라피는 전통서예에 뿌리를 두고 있다. 한글캘리그라피 1세대는 서예전공자들이었다. 이들은 글씨를 디자인화 하여 상품으로 개발하여 상업화 하였다. 그러다 보니 서예에서 사용하는 기본 획을 중심으로 다양한 변화를 시도했고, 콘셉트에 맞게 표현하는 작업을 꾸준히 진행해 왔다. 이미 많은 캘리그라퍼들의 노력과 시도로 다양한 글씨체가 나와 있으며, 새로운 획을 연구하기 위해 전통서체에 관심을 기울이고 있는 작가들도 늘어나고 있다. 캘리그라피는 그만큼 많은 노력과 창의적인 도전을 필요로 하는 작업임에 틀림없다. 지금도 붓과 씨름하며 독특한 글꼴을 개발하기 위해 고민하는 이유이기도 하다.

지금 서예학과에서는 캘리그라피를 따로 분리해서 지도한다. 3개월 만에 뚝딱 완성되는 배움이 결코 아니라는 의미이며, 오랜시간 공을 들여야 한다는 것을 분명하게 알려주고 있는 것이다.

"선생님, 저는 소질이 없나 봐요. 아무리 해도 안 되는 사람 있지요?"
"저도 그래요."
"어쩜 고민하는 게 다들 비슷한가 봐요, 저도 처음에 재능이 없다고 그랬는데…."

수업시간에 가장 많이 묻는 질문인데, 수강생들은 가능성에 대한 확인을 받고 싶어한다. 내가 처음 붓을 잡았을 때, 앞의 사람은 하루가 다르게 획이 안정되어 갈 뿐만 아니라 단어도 멋지게 써내려가는 것을 보게 되니 괜시리 위축감이 들고, 지도 강사가 옆에 와서 보기라도 하면 부끄러워 더욱 못쓰곤 했다. 내 나이가 강사보다 많아 혹시 나를 어려워하는 것은 아닐까 싶어 먼저 말을 걸어 질문을 하기도 했다. 그때 캘리그라피를 배우면서 강사의 자세에 대해서도 함께 배우게 된 것같다. 특히나 캘리그라피를 처음 접하는 수강생이 낯설어 하기 때문에 강사의 친절한 설명과 직접 쓰면서 작업하는 모습을 많이 보여주어야 하는데, 나의 첫 캘리그라피 강사는 그런 것에 인색했다.
나는 화선지를 앞에 놓고 어떻게 첫 획을 그어야 하는지에 대한 답답함을 누구보다 잘 알고 있다. 화선지 위에서 붓을 잡고 한참을 망설이거나 긴 한숨소리를 내는 것은 수강생이 강사의 도움을 필요로 하고 있다는 신호이다. 캘리그라피가 잘 써지지 않아서 힘겨웠던 나의 지난 모습이었기 때문에 내가 캘리그라피 강사가 된다면 그들의 행동과 소리에 더욱 예민해지는 강사라 되리라 결심했다. 그 신호가 보이거나 들리면 슬그머니 옆으로 다가가 진심의 칭찬과 더불어 처음 그어보는 획의 어려움을 공감해 주며 그들에게 한마디씩 적어주고 온다. 그것은 처음 시작하는 사람들을 위한 나의 작은 응원이고 끝까지 포기하지 말라는 당부의 표현이기도 하다. 그리고 소질보다는 붓과 보내는 시간의 중요성을 덧붙여 강조한다.

소질, 재능 운운하며 하소연을 하는 수강생들은 캘리그라피를 시작한 지 몇 개월이 되지 않는 경우가 대부분이다. 한 달만에 캘리그라피를 잘 쓰는 게 더 이상한 일이다. 만약 처음 붓을 잡고 3번 정도 수업을 듣고 나니 웬만한 문장은 쓸 수 있게 되었다고 한다면 나도 그 놀라운 비법을 배우고 싶다. 부족한 재능을 운운하는 것은 캘리그라피에는 소질이 없으니 그만 하자는 구실을 스스로에게 만들어 주려는 것이고, 이 정도 해서도 안 되는 것은 재능이 없는 것이므로 포기해도 괜찮다에 힘을 실어주기 위함일 것이다. 그리고 옆의 사람은 잘 하는데 나만 발전이 없는 것 같은 불안함과 계속 해도 나아지지 않을 거라는 두려움이 막 배우기 시작한 의지보다 더 크게 작용하기 때문이기도 하다.

《성공한 사람들의 7가지 습관》으로 잘 알려진 스티븐 코비는 리더들이 제일 먼저 극복한 것은 '나는 못한다. 나는 재능이 없다. 내가 해서는 안 된다'라는 두려움이라고 했다. 그 두려움은 처음에 가졌던 열정을 삼키고 포기의 문고리에 걸려 있다. 캘리그라피에 갓 입문한 사람들은 강사가 어떤 기법이나 특별한 규칙을 요점 정리해서 주기를 원한다. 사실 나도 그런 것을 기대한 적이 있었다. 처음 배우는 데 있어 기본이 중요하다는 것은 누구나 알지만 시시하거나 지루하다고 여기는 경우가 종종 있다. 그런데 소질이 없어서 성공하지 못할 거라는 두려움에서 탈출하는 가장 좋은 방법은 기본을 열심히 연습하는 것뿐이다. 이것은 캘리그라피를 하면서 수없이 물었던 질문의 답이었다. 남의 것을 보고 따라하는 것은 적당히 잘할 수 있겠지만 자신만의 서체로 원하는 느낌의 글씨를 쓰고 싶다면 연습이라는 시간을 반드시 지불해야 한다.

중학생인 남자 아이는 축구가 너무 재미있었다. 그래서 즐기고 싶었고 잘하고 싶었다. 소년은 중학교 3년동안 매일 드리블 연습을 했고 드리블에 자신감이 생겼다. 고등학생이 된 소년은 경기 중 그라운드 가운데 떨어지는 공을 자신이 가져가게 된다면 축구가 더 즐거울 것이라고 생각하고 고민을 했다. 그리고 그 고민의 해답을 찾아가기 시작했다. 2년동안 매일 저녁 2단뛰기를 천 개씩 했다. 처음에는 100개씩 10번에 나누어 했던 2단뛰기는 2년이 지난 후에는 1000개의 2단뛰기를 한 번에 성공하게 되었고, 축구경기 중 경기장 가운데 떨어진 공은 모두 그 소년의 것이 되었다. 그리고 다시 고민을 했다. 경기를 하는 동안 지치지 않을 체력을 키우기 위해서 산을 올라야겠다고 결심한 그는 시간을 만들어야 했다. 그때 이미 6시 30분부터 8시까지 아침훈련에 참가하고 있던 소년은 새벽 5시에 일어나서 산을 뛰기 시작했다. 시간이 없어 잠을 포기하고 만든 시간에 산을 뛰었던 그 작은 체구의 소년은 10여 년의 노력으로 축구 국가대표가 된 이영표 선수다.

"노력은 정신적으로 육체적으로 우리를 엄청 고통스럽게 만듭니다. 그런데 노력에서 오는 고통이 내가 원하는 것을 놓쳤을 때 오는 고통보다는 훨씬 견디기 쉽다라는 것을 꼭 말해주고 싶습니다."

재능이나 소질보다 노력이라는 것을 정확하게 확인시켜 주는 그의 말이 인상적이다. 즐기고 싶다면 잘해야 한다. 잘하려면 연습하는 노력이 필요하다는 것은 누구나 알고 있지만 아무나 하지 않는다. 내일부터 말고, 오늘 여기, 바로 지금부터 해보자.

타고난 재능과 소질은 옆 사람만이 가지고 있는 것이라고 생각하는 순간 우리는 소질이 없는 사람으로 살아가게 된다. 없는 소질은 연습으로 채워가면 된다. 옆 사람 역시 자신의 소질을 노력으로 채워가는 사람이라는 것을 잊지 마라. 쌓여가는 화선지의 높이만큼 느리지만 실력은 성장하고 있고, 멈추지 않는다면 소질이 있는 사람이 되는 것임을 기억하자.

청소년 수강생은 성인학습자와는 사뭇 다르다. 청소년들은 수업하면서 한 번도 '소질'이나 '재능'이라는 단어를 말하지 않는다. "너 캘리그라피에 소질이 있구나!"라고 말하는 것은 언제나 나다. 다시 말해 학생들은 캘리그라피를 잘하고 못하고를 떠나 그 자체를 즐긴다. 쓴 글씨가 어떻든지간에 나름의 의미를 부여하면서 옆 친구와 함께 즐거워한다. 캘리그라피가 그들에게 힐링이 되는 수업이기 때문일 것이다. 즐기다 보니 더 재밌는 글씨를 쓰게 되고 기발한 도구도 찾아 글씨를 쓰는 아이들을 수업시간마다 만나게 된다.

아이들은 자기가 쓴 글씨가 의미하고 있는 것을 자신 있게 발표하며 친구의 표현에 크게 웃으며 공감하는 이 시간을 정말 좋아한다. 자기가 생각지 못한 표현에 박수를 치며 적극적으로 반응한다. 아이들은 행복해 보인다.

그에 비해 성인들은 옆 사람을 의식하면서 자기만 못하고 있다는 성급한 결론에 쉽게 빠진다. 빨리 잘 쓰고 싶다는 마음이 스트레스가 되고, 뇌는 그 스트레스를 고스란이 손으로 지시한다. 청소년보다 성인교육 때 더 많은 칭찬을 쏟아내는 이유가 여기에 있다. 소질 없음을 소질이 있게 만드는 것은 캘리그라피를 즐기는 것이다. 그냥 붓으로 쓰는 것 자체를 즐기면 된다. 소질 없다고 포기하거나 주저앉는다면 그 너머에 무슨 일이 일어나는지 결코 볼 수 없다.

붓을 좀 잡아보셨는지를 물어보면 한결같이 초등학교 미술시간에 붓을 잡고 처음 잡아보았다는 사람들이 대부분이다. 대략 10년에서 20년 전에 잡아본 붓에 대한 감각을 다시 되살리는 데는 어느 정도 시간을 들여야 한다. 나에게 고급과정의 캘리그라피를 가르쳐주신 선생님은 초등학교 때 붓을 처음 잡고서 지금까지 30년 가까이 먹과 붓을 놓지 않고 있다. 몇 개월 배우면서 소질을 핑계 삼아 붓을 꺾기에는 너무나 부끄러운 시간이고 안타까운 모습이다. 그래서 나는 수업 첫날 말미에 꼭 이 말을 덧붙인다.

"여러분이 배우러 온 캘리그라피는 원데이수업이 아닙니다. 한 문장을 놓고 따라 쓰고 가는 것이 여러분의 최종 목표가 아니라면 새로운 배움을 시작하러 온 자신들에게 여유를 좀 주세요. 천천히 도전해 볼 수 있는 시간을 좀 허락해 주세요. 빨리 배운다면 금방 시들어버릴 수 있답니다."라고 당부한다.

캘리그라피는 어떤 규칙이 있어 그 규칙대로 쓰는 것이 아니어서, 규칙을 스스로 만들어 가는 동안 분명 숨겨진 소질을 찾아내게 될 것이다. 조급함을 멀리 보내고 묵묵함을 옆에 가져다 놓아라. 그리고 냉정하게 지나가는 시간을 아끼며 연습이라는 정성을 들여야 한다. 다시 말해 재미있는 배움이 되려면 잘 해야 하고 잘 하려면 연습의 시간을 저축해야 하는 것이다. 소질의 문제가 아니라 연습의 문제임을 기억하자. 나도 처음에는 소질이 없었다. '소질이 없나 봐요'가 '소질이 없는데 즐기다 보니 소질이 생겼어요'로 바뀌는 경험을 해보길 바란다.

하루 1획, 글씨 한 줄, 한 문장씩만 써보자. 그 문장들이 모여 당신에게 그린라이트가 켜질 것이라는 걸 의심하지 말고서 말이다.

서툰 캘리가 주는 감동

　　어느 날 남편이 가정용 인공지능 로봇을 구입했다. 그 인공지능 로봇은 아름다운 여자의 모습을 하고 청소와 식사준비까지 완벽하게 해준다. 잠자리에서 동화책을 읽어주는 엄마의 역할도 한다. 필요에 따라 불편한 신체를 마사지를 해주며 함께 살고 있는 가족보다 더 많은 것을 수행해준다. 인간들이 귀찮아하고 하기 싫어하는 일들을 인공지능 로봇이 해준다는 영국드라마 〈휴먼스〉의 장면이다. 인공지능로봇은 기억을 잊지 않고 화를 내지도 않으며 우울하거나 불안해 하지도 않는다고 로봇 스스로가 말하는 대사가 있다. "그러나 우리는 사랑할 수 없다"라고 엄마 같은 인공지능로봇은 덧붙인다.

　　그렇다. 아무리 완벽한 주부의 역할을 한다고 해도 로봇을 아내라고, 엄마라고 할 수는 없다. 어마어마한 데이터에 따라 움직이며 수많은 경우에 적합하게 수치화된 답을 만들어내지만 그들에게는 사랑할 수 있는 마음이 없고, 사람만이 가지고 있는 기막힌 감성은 데이터로 수식화할 수 없기 때문이다.

우리는 종종 기억을 분실하기도 하고 가끔 화를 표출하기도 한다. 간간이 우울하기도 하고 노래 한 소절에 하루종일 맘이 촉촉해지는 것은 내적, 외적 자극에 변화하는 감성이 있기 때문이다. 마음이 없는 것이 과연 인간을 대체할 수 있을까.

기계처럼 완벽하다면 올림픽에서의 감동은 있을 수 없을 것이다. 감동의 포인트는 완벽함에 있는 것이 아니다. 미숙한 상태에서 조금씩 발전하는 과정 어딘가에 감동의 포인트가 숨어 있다. 그래서 나의 부족한 캘리그라피로 적은 한 줄에 숨어 있는 그 마음을 귀신같이 알아보고 감동하는 것이다. 감성을 표현하는 캘리그라피에는 사랑이 있고 고마움이 자리하고 있으며 슬픔과 아픔에 대한 위로와 토닥거림이 보인다. 그래서 캘리그라피를 감성글씨라고도 하고 마음의 소리를 표현한다고 한다. 많은 캘리그라퍼들은 마음의 온도를 글씨에 담으려고 노력하고 미적 율동성이나 감성적 표현을 위해 고민한다. 텍스트만의 전달이 아니라 따뜻함이 캘리그라피와 만나 마음의 온도를 순식간에 확 끌어올려주는 것이다.

캘리그라피를 갓 배운 대학생 언니는 첫 아르바이트를 하고 고등학생 동생에게 용돈으로 봉투에 만 원짜리 세 장과 캘리그라피 편지를 함께 넣었다. 하교를 한 동생이 책상 위에 놓인 봉투를 발견하고 돈을 꺼내고 편지를 한 줄 읽는데 눈물을 뚝뚝 흘리며 우는 게 아닌가. '엉엉'

소리까지 내며 우는데 그 내용이 궁금해졌다. "동생아, 힘들지? 나도 그때 그랬어…."로 시작하는 글이었다고 서툰 캘리그라퍼인 언니가 내게 전해 주었다. 동생은 자신의 마음을 알아주는 것에 감동한 것이다. 언니도 동생에 반응에 깜짝 놀랐다고 한다.

당신이 쓰고 있는 캘리그라피에는 어떤 스토리가 있는지 궁금하다. 자녀의 결혼식 청첩장에 직접 쓴 캘리그라피로 엄마의 마음을 담기도 하고, 육아에 쏟아 부었던 자신의 시선을 다시 자신에게로 향하게 하는 도전의 이야기일 수도 있다. 갱년기에 찾아오는 우울함을 캘리그라피로 다독이고 있는 중년 여성, 그리고 중학생 자녀와의 갈등을 캘리그라피로 진정시키는 엄마 등 수많은 이야기를 담고 있는 캘리그라피로 당신의 이야기를 완성해 보면 어떨까.

송이 님은 친구로부터 캘리그라피 문구가 적인 액자를 받고서는 바로 배워야겠다고 결심을 하게 되었다고 한다. 각각의 사연만큼 담고 싶은 마음도 정말 다양하니 쓰고 싶은 글씨체 역시 다르다. 어떤 캘리그라피에 좋고 나쁨은 없다. 자신이 풀어내고 싶은 것들을 캘리그라피를 통해서 스스로 풀어내려는 의지가 중요하다. 그렇다면 이미 충분히 잘하고 있는 것이라고 말해주고 싶다.

멋지게 써내려간 캘리그라피는 물론 좋지만 서툰 글씨로 써내려간 캘리그리피도 그 진정성만큼은 결코 서툴지 않다. 나는 많은 사람들이 누군가를 위해 진심을 담아 보내는 행동에서 감동은 시작되고 있다는 것을 알게 되었다.

여름에는 부채 주문이 많이 들어온다. 본인이 쓰려고 주문하는 것보다는 소중한 사람들에게 선물하기 위해 문구를 캘리그라피로 적어 달라고 하는 주문이 대부분인데, 부모님께 보내는 부채가 적지 않다. 부모에게 표현하는 것에 서툰 자녀들의 마음을 담은 문구를 쓰다 보면 나 역시 부모님 생각에 부채에 더욱 정성을 들이게 된다. 더운 여름에 지칠 부모님을 생각하는 자녀의 마음은 손에 꼭 쥐어진 부채를 통해 에어컨 바람보다 더 시원한 바람을 가져다 줄 것이다.

처음에는 누구나 서툴다. 아이가 처음 글씨를 배워 엄마에게 써준 삐뚤빼뚤한 글씨에 감동했던 기억을 떠올려 보라. 아이의 마음에 먼저 감동하게 되었던 것처럼, 비록 캘리그라피가 서툴지만 전하고 싶은 진심은 결코 서툴지도 부족하지도 않다는 것을 우리는 알고 있다. 투박하고 볼품없는 그릇에 담겨 있어도 음식에 담긴 요리사의 정성을 충분히 아는 것처럼 말이다.

한 어머님이 20대 초반으로 보이는 딸과 함께 와서 상담을 했다. 딸은 약간의 지체장애가 있어 손의 힘이 약하다고 했다. 손의 힘을 키워주고 싶은데 가능한지를 궁금해했다. 이렇게 붓을 잡게 된 딸은 남들보다 붓을 잡는 힘이 약하고 더디게 쓰지만 단 한 번도 게으름을 피우지 않았고 불평도 하지 않았다. 붓을 잡는 것을 좋아하는 것이 보일 정도로 캘리그라피 쓰는 시간을 행복해 했다. 그렇게 6개월을 배워 캘리로 쓴 카드를 받은 엄마는 그 어떤 선물보다 진한 감동을 받았을 것이다.

전 직장에 근무할 때 처음 보험일을 하는 분이 거의 매일 사무실에 방문해 사탕과 명함을 놓고 가셨다. 그분은 고객을 만들기 위해 자신이 할 수 있는 최선의 서툰 영업을 성실히 해나갔다. 그리고 어느새 나는 그분의 고객으로 사인을 하게 되었다. 자신의 부족한 부분을 알기 때문에 더 정확한 정보를 주기 위해 공부를 해왔고 그 과정에서 조금씩 안정적인 상담원으로 변해가는 것을 보았다. 서툴다는 것은 부끄러운 것이 아니라 더 정확하게 열중할 수 있는 것이다. 서툰 것은 표현일 뿐 진심은 결코 서툴지 않다. 초보 없는 프로는 없다. 모든 일이 발전하고 성장해가는 과정에는 서툰 초보의 과정은 있기 마련이다. 그 길에서 만나게 되는 여러 가지의 착오들을 경험하고 수정되면서 프로페셔널하게 되는 것 아니겠는가.

캘리그라피와의 인연이 이어지지 않을 수 있었지만, 난 운명처럼 붓을 잡게 되었고 그때의 거친 손으로 잡은 붓이 나를 한 번도 꿈꿔 본 적이 없는 창업이라는 곳으로 이끌면서 내가 얼마나 캘리그라피를 좋아하는지를 새롭게 알게 해주었다. 하나씩 배워가며 키워가는 과정에서 만난 여러 가지의 경험들이 나를 더욱 단단한 자리에 서게 해주었고 쓸모 있는 사람으로 존재하는 것에 행복을 느끼게 되었다.

캘리그라피는 경력단절여성이었던 내게 마중물이 되어 내 안에 있었는지조차 몰랐던 열정을 끌어내어 주었다. 자신의 숨겨진 재능을 찾고 싶다면, 무엇을 선택해야 할지 몰라서 고민과 망설임만을 반복하고 있다면 붓을 잡고 '여기까지 오느라 애썼어'라고 써보기를 바란다. 아마 첫 줄을 쓰게 되면 생각지도 못했던 글들이 하나씩 당신의 손끝에서 나오려고 기다리고 있을 것이다.

캘리그라피가 당신의 마음을 글씨로 표현하는 즐거움을 선물할 것이다. 서툰 글씨는 결코 부족하지 않다. 당신의 진심을 담은 서툰 글씨에 감동하는 사람은 분명히 있다. 우리는 모두 서툰 인생을 살아가고 있는 것이 아닐까.

돈보다 호락호락好樂好樂한 사람이 되라

"반갑습니다. 저는 마포구에 사는 김정주입니다. 아이가 둘이고 배워보고 싶어서 신청했어요. 열심히 하겠습니다. 감사합니다." 흔한 첫인사다.

수업을 들으러 가면 지도강사가 꼭 시키는 자기소개에 내가 하던 멘트다. 좀 더 구체적으로 수강 동기를 물으면 "관심이 생겨서요." 정도로 대답했다. 아이가 없다면 한 줄로도 충분했을 것이다. 이것이 나에 대한 소개가 되는지도 의문이 들었다. 그래서 나는 자기소개 시간이 정말 싫었다. 왜 강사가 개인적인 것을 궁금해 하는 걸까? 앞에 나와서 자신을 표현하는 데 익숙하지도 않고 나를 드러내는 것이 편치 않았다. 그랬던 내가 내 첫 수업에서 자기소개의 시간을 갖는 데는 이유가 있다.

요즘은 캘리그라피가 인기가 있다 보니 중학생부터 직장인, 주부,

그리고 5, 60대까지 연령대가 정말 다양하다. 특히 주부들은 대부분 경력단절인 경우가 많고 직장을 구하기보다는 캘리그라피로 자유로운 경제활동을 할 수 있기를 기대한다.

배움의 기대를 안고 찾아온 첫 시간에 수업소개만 듣고 돌아간다는 것은 수강생에 대한 예의가 아니다. 강사는 한 사람의 소중한 시간에 대한 책임감을 가지고 수업을 이끌어야 한다. 특히 캘리그라피는 수업의 특성상 같은 공간에서 이뤄지지만 혼자 하는 거나 마찬가지다. 혼자 화선지만 보고 붓만 따라 가다 보니 서로 같은 수업을 듣는지조차 모르기도 한다. 그리고 강사로서 수강생들이 배우는 이유를 아는 것이 수업 진행에 많은 도움이 된다는 사실을 알게 되었다.

이러한 이유로 첫날 간단하게 자기소개의 필요성을 언급하면 수강생들은 작은 한숨과 함께 시선을 내리고 어떻게 소개해야 할지를 고민하기 시작한다. 이 상황이 되면 누구나 비슷한 심정인가 보다. 자기 이름과 내가 알고 싶은 질문 하나, 그들이 알면 도움이 될 질문 하나, 3개의 질문을 제시한다.

첫째, 이름과 별명 / 둘째, 사는 동네 / 셋째, 배우는 목적(이유)

선생님이 학생의 이름을 부르는 것은 학생에 대한 애정이다. 나와 수강생을 가능한 빨리 가깝게 하기 위해 필요한 질문이 첫 번째이다. 이름을 더 빨리 외울 수 있도록 별명도 적어둔다. 수강생의 절반 이상이 주부이다 보니 별명은 거의 없는 경우가 대부분이다. 그래도 어릴 적에 불렸던 별명을 떠올리면서 첫 수업의 긴장감을 살짝 풀어보게 한다. 용기내 배우러 온 수업이 딱딱하지 않고 감성적이라는 것을 보여주기 위한 나만의 장치이다. 자신의 과거로 잠시 돌아가 보는 즐거움 속에서 별명뿐 아니라 꿈도 슬쩍 떠올리게 된다면 더없이 좋은 시작일 것이다. 나는 출석부 이름 옆에 별명을 적어 놓으면서 나만의 기억표시를 해 놓는다. 얼굴이 까맣고 이름에 '정'자가 들어 있어서 별명이 '초코파이'인 정주희 이름 옆에는 [별명:초코파이, 안경, 긴머리]라고 적는 식이다. 별명으로 불리는 속도만큼 나와 수강생 사이에는 빠른 친밀도가 생기게 된다. 이름을 불러주는 것만으로도 캘리그라피 수업이 즐거워질 수 있다.

　두 번째 질문은 수강생 상호간의 친밀도를 쌓는 데 도움이 된다. 사는 지역이 비슷한 사람들끼리는 오고 가면서 유대감을 형성할 수 있다. 수업을 마치고 같은 버스를 타고 갈 수도 있고 다음에 함께 올 수도 있다면 자연스럽게 가까워지게 된다. 캘리그라피는 수다스러운 배움이 아니다. 붓과 먹으로 내면의 소리에만 집중하다 보면 사람의 목소리가 그리워지는 순간이 있다. 잠시 쉬는 시간에 작은 대화를 할 수도 있다. 현실에서 이야기를 풀어가다 보면 마음이 있는 곳의 이야기를 캘리그라피로 풀어낼 수 있게 된다. 캘리그라피는 마음의 소리를 들으면서 마음이 머무르고 있는 곳을 찾아가는 자기성찰이 필요하다. 곧 자신이 머무르고 있는 마음의 위치도 알려주게 될 것이다. 한 번 말트기가 어렵지, 트게 되면 혼자서 감당해야 하는 캘리그라피 묵언작업에 서로에게 의지가 되는 말들도 조금씩 쌓아가게 된다. 칭찬과 응원이 주는 즐거움과 성장하는 재미가 늘다보면 실력도 덩달아 올라가게 되는 것이다. 그러한 재미의 시작이 되는 질문이 두 번째 질문이다.

　마지막 질문인 '배우는 이유'는 내게 가장 중요하다. 대다수의 수강생들은 자녀의 연령과 배우는 이유에 상관관계가 있었다. 어린 자녀를 둔 경우는 자녀의 학교생활에 도움이 될 수 있는 환경미화나 학교행사에 필요한 홍보물 제작에 도움이 되는 활동을 하고 싶어했다. 자녀가 어느 정도 컸다면 취미로 배우러 오게 된다. 그리고 더 이상 엄마의 손이 필요한 자녀가 없다면 봉사활동을 하기 위해서, 자격증 취득을 희망하거나, 자기계발로 새로운 활동을 시작하고 싶거나, 무기력한 일상을 탈피하고픈 의지를 가지고 오는 사람들이다. 자녀의 성장이 사회에 재진입하려는 욕구와 비례하는 셈이다. 특히 경력단절여성의 사회재진입으로 '강사'라는 직업이 진입장벽이 그리 높지 않다고 여겨 캘리그라피 강사를 목표로 하는 사람들이 늘고 있다. 배우는 목적을 알면 강사로서 수강생들을 어떤 방향으로 지도할 것인지의 방향을 잡을 수 있다. 정확한 이유를 알게 되면 도움이 되는 정보를 제공할 수 있기 때문이다.

　이렇게 자신을 소개를 하게 되면 처음의 어색함은 어느 정도 사라지고 편안한 마음으로 붓을 잡을 수 있게 된다. 이제 본격적인 캘리그라피 수업에 들어가 보자.

　딱딱함을 조금씩 풀어가면서 붓을 잡는 법을 설명하고 획을 긋는 모습을 보여준다. 최대한 몸에 힘을 빼고 설명을 한다. 획을 따라 그을 수 있도록 한 명씩 돌아가며 체본을 해주고 나면 각자 연습을 하게 되는데 자기도 모르게 어깨에 힘이 들어가게 된다. 나도 그랬다. 처음이니

잘하고 싶은 마음에 손목에 힘이 들어가서 뻣뻣한 자세로 획을 긋게 된다. 힘이 들어가게 되면 획은 유연함을 잃게 되고 경직된 선을 보여주게 된다. 재미를 느끼려면 몸이 가벼워야 한다. 처음 수영을 배울 때 강사는 몸에서 힘을 빼라고 매일 소리를 질렀다. 몸에 힘이 들어가니까 호흡이 자연스럽지 않고 몸이 무거워지니 자꾸 가라앉았다. 악기를 배울 때도 마찬가지였다. 클라리넷을 배우는데 왜 그렇게 어깨에 힘이 들어가는지, 선생님은 계속 내 어깨를 치며 힘을 빼라고 지적했다. 몸에 힘이 들어가는 것은 잘 해보고 싶은 욕심이 근육으로 들어간 것이다. 그 욕심은 배우는 즐거움을 방해하게 되고 재미가 없어지면서 스스로 재능이 없는 쪽으로 끌고 가는 주범이 되기도 한다. 몸에 힘을 주는 것은 좋아하는 것을 방해하는 요소 중 하나이다.

즐거움에 또 다른 방해요소는 성급함이다. 무엇을 배우는 데 있어

단기속성 전문가반은 없다. 전문가가 되기 위해서는 책임 있고 깊은 맛을 내게 해주는 '시간'이 필요하다. 3개월 만에 되는 전문가반이 있다면 나도 배우고 싶다. 캘리그라피는 단순히 예쁜 글씨를 쓰는 것이 아니라 자신만의 향이 편안하게 풍겨 나올 수 있는 시간이 필요하다. 화려한 기교만을 익혀 캘리그라피를 판매하기에는 소비자의 수준이 날로 높아지고 있다. 나 역시 손글씨에 대한 관심이 캘리그라피로 이어졌고, 예쁜 손글씨보다 규칙성이 현저히 낮은 캘리그라피가 훨씬 어렵지만 그 어려움이 성장하는 즐거움을 준다. 그 즐거움은 여전히 배움으로 이어 나가게 하는 추진력이 되고, 나의 글씨를 좋아해주는 소비자에게 다시 전해진다고 믿는다.

재능 있는 사람은 노력하는 사람을 따라갈 수 없고 노력하는 사람은 즐기는 사람을 따라갈 수 없다는 말처럼 소질이나 재능을 뛰어넘을 '樂'을 캘리그라피를 통해 찾아보길 당부한다. 그 즐거움이 당신을 지금껏 경험해보지 못한 세계로 이끌 것이며 그것이 돈으로 연결되는 다리가 되어줄 것이다.

《상상하지 말라》의 저자인 다음소프트 송길영 부사장은 좋아하지 않으면 지속할 수 없고 중간에 그만둘 수밖에 없다고 했다. 좋아하는 걸 꾸준히 하다보면 확률이 높아지고 반대로 좋아하지 않는 것은 꾸준히 안할 테니 확률이 제로가 되는 것이라며, 좋아하는 일, 즐거운 일이 먼저여야 하는 이유를 정확하게 짚어주고 있다.

호락好樂한 일이 일상이 되어 꾸준하게 실행할 수만 있다면 실력은 보상으로 따라온다. 실력으로 생긴 자신감까지 더하면 누구에게서도 보지 못한 캘리그라피로 경제활동에 재진입한 자신을 보게 될 것이다.

성급하지 않게 좋아해라. 좋아서 즐기면 기회는 당신의 붓을 잡은 손을 따라 슬며시 들어오게 될 것이다. 지금 이 순간 잡고 있는 붓이 가는 길을 호락호락하게 따라가 보자. 그 길이 당신의 캘리그라피를 원하는 사람들에게로 이어주는 다리가 될 것이다.

붓으로 쓰고 마음으로 읽는다

너와 함께 한 모든 시간들이 눈부셨다.
날이 좋아서, 날이 좋지 않아서, 날이 적당해서,
모두 좋은 날들이었다.

얼마 전 겨울, 사람들의 마음을 심쿵하게 했던 드라마 〈도깨비〉에
나오는 대사이다. 주인공인 도깨비가 살아온 100년의 날 중에 첫사랑을
고백하고 싶은 날을 하늘에 허락받고 싶은 마음으로 하는 말이었다. 그
해 봄은 이 글을 써달라는 주문이 넘쳐났다.

사랑하는 사람과 함께한 모든 시간들이 눈부신 것처럼 캘리그라피
는 모든 계절과 어울리며 변신하는 매력이 있다. 봄에는 얼었던 계절을
벗어나 포근함을 기대하는 마음을 엽서에 적어본다. 여름에는 더위를

식혀줄 시원한 바람을 부채 위에 적는다. 가을은 더할 나위 없는 캘리그라피의 계절이다. 누구나 시인이 되고, 그 시를 적고 싶어한다. 그 달콤한 문장이 캘리그라피에 녹아내려 건조한 마음을 촉촉하게 적셔주기 때문이리라. 따뜻한 차가 생각나는 겨울이 되면 그 어느 때보다 캘리그라피로 쓴 따뜻한 한 마디가 그립다. 이처럼 캘리그라피는 늘 우리 곁에 있다. 그래서 캘리그라피를 하면서 자기성찰을 하려고 하는 사람이 늘고 있다 보다.

'서예'를 영어로 번역한 것이 '캘리그라피calligraphy'다. 지금은 캘리그라피와 서예를 분리하여 보는 시각이 많지만 그 출발점이 서예인 것은 분명하다. 붓으로 글씨를 썼던 대표적인 나라들을 잠깐 살펴보자. 중국은 글씨를 서법書法이라고 하고 일본은 서도書道라고 하며 우리나라는 서예書藝라고 한다.

중국은 글씨에 대한 오랜 역사와 방대한 자료가 있다. 그렇다보니 오랜 전통으로 쌓아온 규칙적인 방법이 분명한 만큼 쉽지 않다. 그 법에서 벗어나지 않고 쓰는 것이 높은 경지에 다다른 글씨라고 여겨왔다.

일본은 붓으로 쓰는 글씨가 도의 경지에 다다르게 되면 붓과 글씨가 하나가 되는 접점의 순간이 오게 된다고 여겼다. 우리나라는 글씨를 쓰는 것을 예술적인 행위로 보는 경향이 크다고 볼 수 있다. 공통된 부분은 한 획을 긋기 위해 자신의 정신을 담으려고 훈련과 노력을 끊임없이 했다는 것이다. 단순히 내용전달을 위한 필기가 아닌 붓 끝에 마음을 담아내려고 했다는 것이다.

나의 캘리그라피 끝자락에는 마음의 위치를 찾아가는 나침판이 달려 있는지도 모르겠다. 캘리그라피는 인생시즌2의 나에게 방향을 알려주는 이정표가 되었고, 캘리그라피에 자존감이 낮아진 사람들에게 자존감을 회복시켜주는 힘이 있다고 자신있게 말할 수 있다.

얼마 전 사춘기 딸과의 관계가 점점 힘들어진다는 수강생이 캘리그라피를 배우러 왔다. 아이는 또래아이들이 그렇듯이 엄마가 하는 말은 무조건 잔소리로 여기고 대화의 여지를 주지 않는다고 했다. 엄마가 아이에게 다가가는 길과 자녀가 엄마에게 다가오는 길이 서로 엇갈리는 경우를 자주 접하게 된다. 아이는 중학생 동아리활동에서 캘리그라피를 배우고 있어 함께 이야기할 수 있는 공통의 주제를 만들어 보고 싶다고 했다. 엄마는 아이와의 소통을 목적으로 시작한 배움이었지만 수업이 지속될수록 내면의 자신과 소통을 배워가고 있었다. 아이에게 전하고 싶은 말을 쓰다 보면 그것이 자신에게 해주고 싶었던 말이었음을 고백하기도 했다. 붓이라는 도구를 통해 한 글자 한 글자 쓰는 것을 넘어 긴 문장까지 써 내려갈 수 있게 된 순간에 아이에게 전하고 싶은 한마디를 캘리그라피로 적어서 보냈다. 아이가 예쁘지 않다고 할까봐 걱정을 하면서 말이다. '엄마는 언제나 네 편이야'라고 쓴 문구를 아이는 마음으로 읽어주었다. 아이는 언제 배웠느냐, 어디서 배우느냐, 이 글자는 이렇게 쓰면 더 예쁘다, 핸드폰 앱을 알려주면서 이 앱에서 글씨를 많이 찾아보라는 등, 그녀가 원하는 대로 소통의 꺼리가 되어주었다. 엄마는 수업이 끝날 때마다 한 문장씩 적어 휴대폰으로 아이에게 보내는 재미가 참 좋다고 했다.

시작은 자녀와 소통하기 위해 잡은 붓이었다면, 앞으로는 스스로와 소통할 수 있는 글씨를 써보라고 권했다. 이 엄마는 자녀와 소통할 수 있는 틈을 만들어준 캘리그라피로 두 번째 인생을 아주 신나게 살아가고 있다. 말은 소리로 사라지지만 글씨는 잊혀지기는 해도 사라지지는 않는다. 그래서 언제든 꺼내서 읽고 다시 마음에서 울린다.

여보, 사랑해. 나와 결혼해주어 고맙소

내가 운영하는 '필소굿캘리'에서 액자에 들어갈 글씨를 주문받은 적이 있다. 많은 꾸밈이나 화려한 문장도 아니고 흔히 할 수 있는 말인데 지나온 세월이 보이고 어떤 일들을 함께 해왔을지가 느껴졌다. 캘리그라피를 쓰는 내내 그분의 마음이 어디쯤 도달해 있는 것인가를 생각하다 보니 자연스레 내 마음도 돌아보게 되었다. 캘리그라피는 고단한 길을 함께 동행해 준 사랑의 마음을 담아 최대한 담백하게 전할 수 있게 작업했다. 받는 사람이 꼭 그 마음을 읽어주길 바라는 마음으로.

지난 겨울 오스트리아 잘츠부르크를 방문한 적이 있다. 모차르트의 고향인 그곳에서 모차르트 생가를 방문했는데, 모차르트가 직접 쓴 글씨와 악보를 아주 잘 보관하고 있었다. 깃털 달린 펜대를 잡고 작곡을 하면서 남겨놓은 수많은 악보와 편지를 전시하고 있었다. 그가 쓴 글씨체가 나의 시선을 잡았다. 잉크를 찍어가며 사랑하는 아내 마리아 안나에게 보낸 편지 속에 번짐 없이 정갈하게 써내려간 글씨를 보니 그의 애정이 더욱 선명하게 읽혀지는 듯했고 편지를 써내려갔을 마음이 보였다. 손으로 작업한 그의 흔적은 그가 세상에 어떻게 존재하였는가를 보여주었고, 그로 인해 세상을 얼마나 따뜻하게 해주었는지를 정확하게 보여주고 있었다.

모차르트는 음악으로 사람들의 마음에 기쁨을 주었고, 캘리그라퍼는 붓 끝에서 나오는 획으로 마음을 열어주고 있다고 믿는다. 그 열린 마음으로 전하는 글이기에 글씨보다 마음이 먼저 읽히게 되는 것이다.

캘리그라피는 글씨를 쓰는 사람의 가치와 사상을 담는 그릇이다. 먼저 나의 마음을 살피는 것에서 시작해 보자. 내 마음의 위치를 먼저 살피고 투박한 진심을 캘리그라피에 담아내자. 먹처럼 변하지 않는 신뢰를 꾹꾹 눌러 담아서 말이다.

어렵지만 포기할 수 없는 '1획'

　　나는 어릴 때 서구적인 얼굴에 늘씬한 몸매의 바비인형을 아주 좋아했다. 그래서 가지고 놀던 인형들의 옷을 직접 만들어 주었고, 고등학교 때는 인형 만드는 동아리 활동을 하면서 내가 손으로 만드는 작업을 좋아한다는 것을 알게 되었다. '손재주가 있다'는 소리를 종종 들어서인지 결혼할 때는 할 줄도 모르던 재봉틀을 샀다. 사용설명서를 보고 더듬더듬 익혀가며 신혼집 커튼 만들기를 시작으로 쿠션이며 방석, 침대 커버까지 만들어냈다. 그리고 퇴직을 하고서 1년 동안 본격적인 옷 만들기를 배우기도 했다. 내 옷을 만들어 입는 것은 당연하고 남편과 아이들의 옷까지 만들어 입혔다. 그런데 즐거움은 딱 거기까지였다. 가끔씩 가족들의 치맛단이나 바짓단을 수선해 주기에는 아주 유용한 배움이었다. 옷을 만드는 작업은 그렇게 어렵지는 않았다. 사이즈에 맞게 재단을 하고 자르고 박음질을 하면 제법 그럴듯한 옷이 완성되었다. 그랬던 손재주가 캘리그라피에서는 좀처럼 발현되지 않았다.

캘리그라피 첫 공동전시를 준비하면서 붓을 내려놓을까 깊게 고민한 적이 있다. 아무리 써도 같은 글씨에서 한 치도 벗어나질 않았다. 아무리 연습해도 여전히 부족해 보였다. 지금 이거 해서 뭘 하겠다고 안 되는 거 붙잡고 있냐며 포기해도 괜찮을 이유를 찾기 시작했다. 디자인적 감각이 떨어진다, 적성에 맞지 않는다, 붓을 다루는 능력이 부족하다, 나이가 많다 등등. 연습 대신 붓을 꺾고 포기하기에 그럴듯한 근거를 찾는 것에 집중했다. 캘리그라피 첫 전시에 참가한다고 거실 여기 저기 붙여놓은 화선지를 떼어내니 작은 아이가 물었다.

"엄마, 전시준비 다 했어? 작품 다 나온 거야?"

"아니…. 글씨가 잘 안 나와서 못할 것 같아."

"포기하는 거야? 나보고는 수학 포기하지 말라더니."

작은 아이는 유난히 수학을 어려워했다. 학원에서 함께 공부하는 친구들은 수학을 잘하는데 아이는 학원수업을 따라가기 위해서 복습과 예습에 시간을 많이 할애했고 기말시험도 열심히 준비하는데도 결과는 좋지 못했다. 아이는 수학에 소질이 없는 것 같다며 포기하고 싶어했다. 아무리 해도 안 된다고 하는 아이에게 나는 아직 요령이나 공부방법을 잘 몰라서 그럴 수도 있고, 결과도 중요하지만 이러한 과정을 거치면서 배워나가는 거라고 충고했었다. 포기하기에는 아직 시간이 많다고 정석 같은 조언을 했던 엄마는 몸소 포기를 보여주었던 것이다. 캘리그라피가 어렵지만 즐겁기 때문에 선택한 것인데 멋진 작품을 만들어야 한다는 욕심이 작업하는 과정의 재미를 밀어내어 자신감 있게 한 획을 그을 수 있는 바로 직전에 포기하려 한 것이다.

　99도까지 올라갔어도 마지막 1도를 넘기지 못하면 물은 끓지 않는다. 물을 끓이는 건 마지막 1도다. 포기하고 싶을 때 마지막 1분을 넘어서야만 다음의 변화를 경험할 수 있는 것이다. 조금만 더 하면 되는데 바로 직전에 멈춰버리는 건 아닐까? 내 인생에 치열하게 살아온 경험이 없어서 버티는 힘이 부족한지도 모를 일이다. 나는 새삼 내 끝이 어딘지도 모른 채 살아왔음을 캘리그라피를 통해서 알게 되었다. 그리고 포기 직전에 회복된 버티기 기술로 첫 캘리그라피 전시를 마무리 할 수 있었다. 이제 나에게 캘리그라피는 날마다 새로운 한계를 넘어설 수 있게 하는 새로운 도전을 의미한다.

　나비는 바늘구멍 같은 작은 구멍을 뚫고 고치를 벗어나기 위해 고통스러운 시간들을 보낸다. 그래야 영롱한 빛깔의 날개를 가지고 힘차게 날아오를 수 있다. 그 작은 구멍을 뚫고 나오려는 고통의 시간을 스스로 견뎌내지 못했다면 세상을 향해 아름다운 날갯짓을 할 수 없다. 영국의 식물학자인 알프레드 러셀은 나방을 관찰하는 과정에서 힘겹게 나오는 나방이 안쓰러워 고치 옆을 칼로 조금 그어주었다. 나방은 자신의 힘으로 뚫고 나올 때보다 수월하게 고치를 벗고 세상으로 나왔지만 아름다운 빛깔의 날개는 가질 수 없었고, 자유롭게 훨훨 날지도 못하고 떨어졌다고 한다.

　이렇듯 힘들지만 스스로의 힘으로 과정들을 거치게 된다면 자존감의 회복과 성장하고 있는 나를 마주하게 될 것이다. 도전한다고 모두 성공하는 것은 아니지만 성장하는 것은 분명하다. 실패는 성장을 위한 계단 하나를 만들어주고 물러서기 때문에 그 성장을 통해 점점 성공에 가까워질 수 있다. 캘리그라피도 마찬가지이다. 1획이 어렵다고 붓을 놓아버린다면 다음 획을 긋지 못할 것이고 누군가를 위한 소중한 한 마디는 결코 세상에 나오지 못할 것이다. 어렵지만 그 과정을 지나 각자의 멋진 감성으로 일필휘지 하게 되리라 믿는다.

옷을 만드는 데에는 손재주가 있었다면 캘리그라피는 손멋이 드러나기를 기대하며 매일 연습을 했다. '재주'는 완성품에서 보이는 기능적인 면이 부각되는 것이라면 '멋'에는 느끼는 경험이 내적으로 쌓여지면서 그 무게에서 저절로 새어나오는 것이 아닐까. 멋은 작업에 대한 애정이 마음 밑바닥에 확고하게 버티고 있기 때문에 나온다고 생각한다. 그 멋이 새겨나올 때까지 느린 걸음으로 손멋을 낼 줄 아는 캘리그라퍼가 되고 싶다.

지금의 나를 롤모델로 삼는 사람들이 간혹 있다. 그들은 나의 창업 이야기를 다 알지 못한다. 드물게 들어오는 잡지인터뷰에도 길게 설명할 수 없기 때문에 지금의 모습만이 보기 좋게 펼쳐질 뿐이다. 캘리그라피로 사람들의 마음을 위로해 주고 싶은 열정으로 시작한 창업이 이제 막 3년을 넘겼다. 창업 1년차에는 시장조사를 한다고 많은 프리마켓에 참가해 사람들이 좋아하고 편안하게 느끼는 캘리그라피를 조사했다. 창업 2년차에는 구매하고 싶은 상품들을 구상하고 쇼핑몰에 상품을 올리느라 정신이 없었다. 그러면서 마케팅 채널을 찾기 위해 SNS의 활용에 대한 강의를 찾아다니며 하나씩 배워나갔다. 아무도 알려주지 않는 길에 대한 두려움을 매일 이겨내며 한 계단씩 올라왔다. 그리고 창업 3년차인 올해 드디어 내 브랜드가 조금씩 알려지는 것을 경험하고 있다. 개인주문만 들어오던 상품이 4~5개의 기업으로부터 대량주문을 받게 되었다. 수천 개의 부채에 캘리그라피를 쓰기에 이르렀다.

미국의 심리학자 엔젤라 더크워스는 역경을 극복하고 성공한 사람들의 공통점을 찾아보았다. 성공의 비결은 뛰어난 재능이나 외적 환경이 아니라 열정과 끈기라며, 그것을 '그릿'이라고 했다. '그릿'이란 자신이 성취하고자 하는 목표를 향해 끝까지 완주하려는 힘이다. 역경이나 슬럼프가 와도 그 목표를 향해 꾸준하게 실행해내는 끈기 말이다.

지난 3년간 즐기며 꾸준하게 붓을 잡지 않았다면 이런 성과는 결코 이뤄내지 못했을 것이다. 캘리그라피의 첫 전시가 어렵다고 포기했다면, 시간이 없다고 사업에 필요한 것들을 준비하지 않았다면, 그리고 알지 못하는 길이 두려워 멈췄더라면 결코 경험하지 못했을 성장이었다. 캘리그라피가 내게 '그릿'할 수 있는 용기를 준 것이다.

"선생님은 정말 좋아서 이 일을 하는 것처럼 보여요. 누가 시켜서는 결코 할 수 없을 것 같거든요." 하루에 백 개의 부채를 제작하는 것을 본 수강생이 한 말이다.

나 또한 가보지 않은 길에 대한 어려움이 적지 않았다. 장애물에 걸려 주저앉고 싶을 때도 있었다. 그렇지만 캘리그라피가 주는 힘을 믿었기 때문에 버틸 수 있었다. 나는 캘리그라피를 통해 인생의 걸림돌에 넘어졌을 때 일어서는 법을 배우고 있다. 진정으로 내가 원하는 것을 하고 있다면 넘어져도 그리 많이 아프지 않다는 것을 알게 되었다. 지금의 나는 용기내는 것에 더 이상 주저하지 않는다.

2017년 7월. 장마와 무더위가 한창인 토요일. 화선지를 접고 펴는 소리만 나는 고요함 속에 뜨거운 열정 하나 품고 인생의 한 획을 긋기 위해 모인 20명의 예비캘리그라퍼들이 내 앞에 앉아 있다.

지금 붓을 긋는 1획이 2획이 되어 머지않아 누군가에게 울림을 주는 문장을 쓰고 있는 당신을 만나게 될 것이다. 어렵다고 포기하면 가장 우울한 사람은 바로 내가 될 것이다. 하지 않던 일에 새롭게 도전하는 것이 터닝 포인트이고, 그 지점에서 성장하도록 보듬어가는 키핑 포인트를 끈기 있게 이어나가길 바란다. 나는 캘리그라피로 내 인생의 방향을 천천히 바꿨고 느린 속도로 나만의 캘리그라피를 만들어 가는 여정을 가고 있다. 만약 1획이 어려워 포기하고 싶은 마음이 든다면 명심해라. 마음 한 구석에서 할 수 없다고 속삭이는 꼬드김에 넘어가려는 마음을 포기해라.

캘리그라퍼의 경영학

'인적 자원을 관리하고 조직 운영과 시장체계를 연구하며 부의 생산 및 분배에 관해 연구하는 학문'이 경영학이다. 생산관리, 인사관리, 재무관리, 마케팅 그리고 재고관리 등으로 나누는 어려운 경영학적인 용어들을 한 줄로 요약하면, 최소비용으로 최대의 이윤 창출을 목표로 한다고 배웠다. 나는 경영학을 전공했다. 은행에서 근무했던 경험치는 여전히 쓸모 있다. 다시 말해서 경영마인드는 전공에서 배웠고 고객에 대한 서비스는 전직에서 배운 셈이니 지금까지 내가 한 일들은 하나도 버릴 것이 없는 셈이다.

캘리그라피를 가르치고 판매하는 1인 기업인으로의 경영마인드는 최대의 정성으로 한 사람의 마음을 확보하는 것이다. 나의 최대의 이윤은 처음부터 최대의 감동에게 자리를 내어주었다. 여기에는 캘리그라피의 힘이 작용하고 있다는 확신이 있다. 캘리그라피로 사람의 마음에 따뜻한 자리를 만들어 주는 것이 나의 브랜드 가치이고, 그 따뜻함을 퍼져나가게 하는 것이 브랜드 미션이다. 만약 최소 비용으로 최대이윤 창출이 목표였다면 사업계획서를 작성하지 않았을 것이고, 시작했더라도 지금까지 버티지 못했을 것이다. 왜? 즐겁지가 않으니까.

사업자가 되면 마케팅을 하라고 여기 저기서 연락이 온다. 요즘 마케팅의 특징은 탐구를 통해 고객의 내면에서 요구하는 인사이트에 관심을 가지고 공감하는 능력을 보여주는 광고를 선호한다. 광고들을 유심히 살펴보면 최신의 트렌드를 알 수 있고 그 트렌드를 통해 소비자의 욕구가 무엇이고 어디에 가치를 두고 있는지를 파악할 수 있다.

코카콜라는 일찍이 소비자의 감성을 자극하는 광고로 유명하다. 지난 여름 2012 리우올림픽 때 코카콜라 광고가 눈에 들어왔다. 올림픽 영상과 함께 흘러나오는 영상과 메시지 그리고 음악은 감동적이었다.

"금메달, 어떤 느낌인가요?"
한국의 펜싱선수 원우영 선수의 솟아오르는 모습과 '짜릿한 전율'
오스트레일리아의 육상선수 샐리 피어슨이 동료와 함께 포용하며 '함께하는 기쁨'
크로아티아의 수구선수 페타르 무슬림의 '끓어오르는 열정'
브라질의 배구선수 파비아나 클라우디노의 '그토록 꿈꿔온 간절함'
'금메달, 그 느낌'
"우리 함께 즐겨요"

늘 듣던 익숙한 멜로디를 영상과 잘 어우러지게 편집하여 올림픽의 감동이 짜릿하게 와닿아 누구나 공감하여 응원의 박수를 치게 만들었다. 광고 속에는 우리가 원하는 감성들이 다 들어있었다. 실제 상품인 코카콜라는 마지막에 한 장면만 나올 뿐이다. 그들이 광고에서 주로 쓰는 단어들을 종합해 보면, 친구, 가족, 이야기, 열정 그리고 우리이다. 사람들이 공감하며, 감동을 나누며 끈끈함으로 연결되어지기를 바라는 인사이트를 알고 있는 것이다.

집밥이 관심을 받는 이유도 비슷하다. 사람보다는 기기와 많은 시간을 보내는 환경에 노출될수록 더 뜨끈한 집밥이 그리워진다. SNS의 넘치는 정보에서 가끔은 빠져나와 인문학이 주는 깊은 통찰 속에 빠져보기를 원하고 있는 건지도 모르겠다. 캘리그라피만큼 인문학적이고 아날로그적인 것이 또 있을까?

나는 캘리그라피가 차가워진 마음의 온도를 올려줄 수 있다고 믿으며 날카로워진 감정의 모서리를 다듬어 줄 수 있으리라 기대한다. 당신은 외로운 혼자가 아니라 우리라는 괄호 안에 포함되어 있다는 것을 캘리그라피로 알려주려 노력한다. 이것은 경영에서 가장 중요한 인사관리에 해당하며, 손바닥만한 기기 속에서 정신없이 '좋아요'를 클릭한 후에 남겨진 허기짐을 채울 수 있다고 확신한다.

이솝우화 〈해와 바람 이야기〉에서 해와 바람은 지나가는 나그네의 코트를 누가 먼저 벗게 만들 수 있는지를 내기를 한다. 바람은 차가운 날씨에 세찬 바람을 일으켜 나그네의 코트를 벗겨보려 하지만 바람이 강도가 세질수록 나그네는 더욱 코트를 여미게 된다. 반대로 해는 부드러운 날씨에 따뜻한 햇볕을 쏟아내며 몸에 열기를 만들어 준다. 자연스럽게 코트 깃을 내리고 단추를 풀며 마침내 코트를 벗게 한다. 우리가 살아가면서 놓치지 말아야 하는 것은 부드러운 눈길이며 따스한 손길이다. 나는 캘리그라피를 통해 타인을 생각하는 부드러운 마음이 따뜻한 손글씨로 표현되어 눈길이 머물게 하는 것을 자주 경험한다. 이것이 캘리그라퍼인 나의 경영목표인 공감경영이다.

전화기를 통해 들려오는 목소리마저 듣기 쉽지 않은 스마트한 시대를 살아가면서 누구나 분주하기만 하다. 마주하는 시선도 줄어들고 들려주는 목소리도 사라진 요즘, 오로지 시선이 머무는 곳은 손에 있는 스마트폰이고 '좋아요'로 자신에게 필요한 시선들을 채우며 혼밥을 먹고 있는 친구에게 그리움을 맘껏 담아서 캘리그라피로 "친구야, 보고 싶다, 만나서 밥 같이 먹자."를 전해 보면 어떨까? 이것이 쓰기만 해도 달라지는 캘리그라피의 관계회복 경영학이다.

마음 잡는 붓, 붓 잡는 손

1.단구법 엄지와 검지로 붓을 세워 잡는다. 나머지 세 손가락은 모아서 슬며시 붓을 받쳐준다. 그래야 붓이 흔들리지 않게 된다.

2.쌍구법 엄지와 검지로 잡는 단구법에서 중지까지 힘을 보태서 잡는다. 앞에서 보면 검지, 중지가 보인다. 힘의 균형을 잡기 수월하다.

3.오지법 다섯 손가락으로 붓을 잡는 법이다.

4.악필법 자신의 키보다 큰 붓을 잡고 퍼포먼스 하는 경우에 주로 사용하는 법이다.

다양하게 붓을 잡아보며 자신이 가장 편안하게 획을 그을 수 있는 법을 찾아보기 바란다. 필요에 따라 붓을 잡는 법을 달리 사용해도 좋다. 그만큼의 붓을 잡는 시간을 확보해 보자.

그리고 붓에 먹물을 찍을 때 붓끝에만 살짝 묻혀서 쓰는 경우가 있는데 처음 연습할 때부터 붓을 먹물에 흠뻑 적신 후 붓 끝에 흐르는 먹물을 먹그릇에서 정리한 후 선을 긋도록 해라. 습관적으로 자주 먹물을 적시는 것보다는 한 번 흠뻑 묻혀서 여러 획을 긋는 것이 문장을 쓸 때에 통일감을 주는데 도움이 된다.

2장

필筆이 필Feel 받게 하다

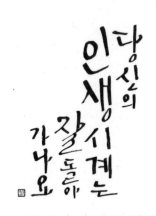

당신의
인생
시계는
잘
돌아
가나
요

깨끗한 화선지가 보여주는 힘

　손으로 만드는 작업을 수공예라고 한다. 최근에 핸드메이드를 취미로 시작해 창업으로 연결시키는 사람들이 늘어나고 있다. 나는 오래전부터 손으로 꼼지락꼼지락 하는 것을 좋아해 대학생활이나 직장생활을 하면서도 취미활동으로 계속 이어왔다. 종이인형 만들기, 크리스탈꽃 만들기, 꽃꽂이, 스텐실, 포크아트, 선물포장, 비즈공예, 양재까지 다양한 배움을 취미로 삼았던 적이 있었다. 몇 달을 배운 것도 있고 몇 년을 배운 것도 있다. 앞에서 언급했듯이 1년 넘게 양재를 배울 때는 내 옷은 물론이고 아이와 남편의 바지와 셔츠까지 만드는 재미로 동대문시장을 많이 돌아다녔다. 각각의 공예들이 주는 즐거움도 적지 않았다. 그리고 지금의 나에게 새로운 아이템을 기획하는 데 아이디어의 재료가 되어주기도 한다.

결과적으로 이 취미들은 'WANT'지 'LIKE'는 아니었다. 올 초 초등학생들에게 아주 유행했던 피젯스피너라고 하는 장난감이 있다. 손가락으로 누르면 반복적으로 돌아가는 이 장난감이 없는 아이들이 없을 정도로 유행이었다. 아이들은 부모에게 사달라고 졸랐다. 그렇게 획득하게 되면 친구들과 어울리는 데에 불편함이 사라지지만, 유행이 지나면 책상서랍 속에 들어가 다시 꺼내놓는 일은 현저히 줄어들게 된다. 원하는 것이지 좋아하는 것이 아닌 것이다.

내가 즐겼던 취미생활은 좋아하는 것은 아니었던 것이다. 그 취미들은 계속 떠오르지 않았고 오래동안 내 기억에서 소환되지 않았다. 그에 반해 캘리그라피는 시간이 지날수록 좋아지는 강도가 점점 강해지고 있음을 느낀다. 쓸수록 쓸만해지고 할수록 하고 싶어지는 신기한 끌어당김의 힘이 있다.

신기한 힘에 이끌려 이제 내 앞에는 하얀 화선지가 놓여 있다. 깨끗한 화선지를 마주하면 먼저 무엇을 해야 한다는 막막함이 다가온다. 다음에는 첫 획을 그어야 한다는 답답함이 따라온다. 한참을 화선지만 내려다 보고 있으니 막막하고 답답한 이유가 보이기 시작한다.

방송국 기자와 보도국장을 지낸《왓칭》의 저자 김상운은 인터뷰에서 "나를 불편하게 감정들을 관찰자의 입장에서 바라보십시오. 감정과 거리를 둔다는 것은 나의 공간이 커진다는 것을 의미합니다. 감정과 거리를 두고 나를 객관적으로 볼수록 나는 점점 확장되고 편안해집니다." 라고 했다. 자신을 관찰자가 되어 바라보는 것이다. 문제에서 조금 벗어나 그 사이에 공간과 시야를 확보해 놓으면 제3자의 눈으로 바라보게 되고 정확하게 자신의 마음을 알 수 있게 된다는 것이다.

화선지를 앞에 놓고 막막함과 답답함을 느끼고 있는 나를 또 다른 내가 떨어진 곳에서 바라보니 한 획으로 모든 것을 보여주어야 한다는 과욕이 붓 드는 것을 막고 있음이 보였다. 욕심이 상승할수록 근심도 상승했다. 욕심과 막막함이 점점 뿌리를 내리며 깊어지기 전에 일단 써보는 것이 가장 좋은 방법이라는 것을 알면서도 쉽게 버려지지 않던 욕심. 만약 여러분도 이런 막막함이 느껴질 때는 일단 화선지 위에 획 하고 한 획을 그어보아라. 행동하지 않고 있으면 하얀 화선지는 넘지 못할 벽으로 남아 있지만 행동하는 순간 당신의 멋진 캘리그라피를 보여주기 위해 아낌없이 도와주는 조력자가 될 것이다.

나무를 잘게 부수고 물에 담그고 나무와 물이 섞인 물을 채반에 받쳐 말리기를 수차례, 많은 수고 뒤에 만들어지는 화선지는 그 제작과정에서부터 범상치 않은 기운을 담고 있다. 나는 캘리그라피를 처음 배웠을 때 글씨를 연습했던 화선지를 지금까지 보관하고 있다. 잘 버리지 못하는 나의 습관일 수도 있지만 그때의 투박하고 다듬어지지 않은 감성으로 썼던 느낌을 버리고 싶지 않기 때문이기도 하다. 글씨가 잘 안 써지는 날에 가끔 꺼내보면 예전에 맘에 안 들었던 초심의 캘리그라피가 새롭게 보이기도 하고 새로운 영감을 주기도 한다. 지금도 작품 전시를 위해 연습한 화선지와 주문제작에 들어가는 캘리그라피를 연습한 화선지를 정리해서 모아둔다. 작업실 한편에 쌓여있는 화선지를 보면 내 캘리그라피의 시간들이 켜켜이 쌓여가는 것을 볼 수 있다. 앞으로도 나이테처럼 화선지는 멈추지 않고 꾸준하게 쌓여 올라갈 것이다.

　나무의 나이테는 나이만을 알려주는 것이 아니다. 햇빛이 잘 들고 비가 많이 온 해에는 나이테의 폭이 넓고, 햇빛이나 물을 충분하게 공급받지 못한 해에는 성장이 느려 나이테의 폭이 좁아서 나무가 자란 환경도 알게 해준다. 나무의 나이테가 나무의 자라난 환경과 성장시간을 담고 있다면, 캘리그라피의 감성과 노력의 흔적들을 담아 켜켜이 천장을 향해 올라가는 화선지는 나의 캘리그라피의 나이테인 셈이다.

　나의 화선지에는 수천 수만 개 일상의 단편적 감성들이 크고 작게 들어가 있다. 큰 글씨로 담기도 하고 잔잔한 글씨로 속닥거리듯 쓰기도 했다. 의미를 만들어 전하기도 했고 전하지 못한 채 끝나버리기도 했다. 이것은 외형적인 글씨뿐만 아니라 사고의 유연성, 문제에 대처하는 여유 그리고 세상을 대하는 관대함 등 수많은 내면의 불안함을 편안하게 희석시켜 주었다. 그 편안함이 화선지 앞에 머물던 두려움을 몰아내고 한 획을 힘차게 그을 수 있는 용기를 불러온 게 아닐까.

　내가 화선지를 앞에 놓고 두려한 것은, 정확하게 말하자면 실패를 두려워한 것이다. 쓰고자 하는 글씨에 적절하지 못한 획을 긋거나 지나치게 가늘고 흔들려 제대로 쓰지 못할 것을 겁냈던 것이라고 고백한다. 실패가 두렵다면 실패하지 않게 아무것도 하지 않고 가만히 있으면 된다. 하지만 가만히 있는 것이 진정으로 원하는 것이 아니라면 실패에 발목 잡히지 말자. 좋아서 하는 것에서 얻어지는 실수는 나만의 노하우가 되며, 실패한 획에서 새로운 획을 발견하는 경우도 있다. 흔들리는 획은 다른 화선지를 앞에 놓고 단단하게 그으면 되는 것이다. 연습하는 자기를 소개하는 글을 써보아라. 달달미소 희수, 낭만천사 미영, 블링블링 윤정, 얼렁뚱땅 승원처럼 자신을 의성어나 의태어로 표현해 보길 권한다. 자신에 대해서 쓰다가 주변으로 조금씩 확대해 나가면서 캘리그라피를 쓰다보면 상대방에 대해서 자연스럽게 관심을 가지게 되는 된다.

화선지는 그리 비싸지 않다. 다시 획을 긋는데 비싼 비용이 지불되지 않으니 맘껏 그어보아라. 한 번에 끝나는 일은 없다. 수없이 먹물에 붓을 적시고 긋는 획이 당신의 캘리그라피를 빛나게 해줄 것임을 기억하면서 말이다.

먹물이 화선지 위에서 번져나가는 것을 보면서 부드럽게 풀어지는 유순함을 배울 수 있다. 또한 화선지 위에 덧칠 되는 붓길은 붓이 지나간 순서를 그대로 보여주는 특성 때문에 감추지 않는 정직한 소통도 배우게 된다.

쌓여가는 화선지가 자랑이 아니라 변함없이 캘리그라피를 쓰라고 기꺼이 기회를 주는 화선지 앞에 오늘도 서 있을 수 있음이 자랑스럽다. 이것이 나를 그리고 당신을 끌어당겨 캘리그라피를 쓰게 하는 깨끗한 화선지의 힘이다.

캘리그라피는 사람을 살피는 과정이 들어가는 작업이다. 나의 관찰자가 되어 자기성찰을 도와주기도 하고 타인에 대해 관찰하는 힘을 키울 수 있다. 이것은 분명 화선지의 벽을 넘어 누군가의 마음에 한 획을 그을 수 있는 당신의 무기가 되어줄 것이다. 아직도 하얀 화선지가 두려운가? 이 두려움을 이기는 법은 붓에 검은 먹을 찍어 힘 있게 한 획을 긋는 것임을 잊지 마라.

캘리에도 방향성이 필요하다

"희망이란 본래 있다고도 할 수 없고, 없다고도 할 수 없다. 그것은 마치 땅 위의 길과 같다. 본래 땅에는 길이 없었다. 걸어가는 사람이 많아지면 그것이 곧 길이 되는 것이다."

중국 문학가 루쉰이 불확실한 인생이 걸어가야 하는 길은 작은 혼자의 힘이 아닌 함께 희망을 향해 나아가는 인생의 방향에 대해 언급한 말이다. 이처럼 인생은 방향성이 분명히 있어야 길을 잃지 않고 앞으로 나아갈 수 있다. 그래서 속도보다 방향이라고 많은 사람들이 이야기 하는지 모르겠다. 인생에서 중요한 방향성을 캘리그라피를 통해서도 배울 수 있다.

캘리그라피에는 운필법이 있다. 쉽게 말해 획을 그을 수 있는 붓의 움직임을 연습하는 것인데, 이러한 운필법에는 필압, 농도, 속도 조절의 세 가지가 필요하다. 필압이라 함은 획을 그을 때 어느 정도의 힘을 주어 쓰느냐를 말한다. 굵은 획을 긋고 싶으면 힘을 주어서 획을 진행하면 되고, 가는 획을 원한다면 힘을 조금 빼고 획을 그으면 된다.

농도는 먹물의 진하고 흐림을 말한다. 먹물의 농담을 의미하는데, 이 부분은 3장에서 다시 언급하려고 한다. 속도는 획을 빠르게 그을 수도 있고 천천히 그을 수도 있음을 의미한다. 자신이 필요로 하는 획을 자유롭게 표현하려면 각각의 조절방법을 잘 알고 있어야 하므로 캘리그라피의 기본이 된다. 나는 여기에 방향성을 추가하고자 한다. 획을 어느 방향으로 긋느냐는 캘리그라피의 율동성을 표현하는 데 중요한 요소가 되기 때문이다.

감성글씨인 캘리그라피를 작업할 때 주어진 내용에 따라 획에 기울기를 주게 되면 율동성이 나타나고, 방향성을 가지게 되면 획이 살아 움직이는 표현을 할 수 있다. 캘리그라피가 보여주고 싶은 의미의 방향성, 작가는 캘리그라피로 표현하고 싶은 의미를 획에 담아 도착하고 싶은 분명한 지점을 바라보는 방향성을 가지고 있어야 한다. 방향은 '향하거나 나아가는 쪽' 그리고 '뜻이 향하여 나아가는 곳'으로 몸이 그리고 생각이 향해 있는 것을 의미한다. 그리하여 캘리그라피에는 작가의 의도가 담겨 있고, 의도가 향하는 곳이 있는 것이다. 캘리그라피는 컴퓨터의 폰트와는 다르다. 입력되어 데이터의 값대로 찍어내는 글씨가 아니라 뜨거운 열정을 가진 당신이 나아가고자 하는 인생의 방향을 캘리그라피에 담아서 표현하는 것이다.

나 또한 캘리그라피를 작업하고 1인 사업자가 되면서 앞으로 나아가고 싶은 방향이 생겼다. 모두가 들고 있는 휴대폰은 바로 답글이 오는 편리함도 필요하지만 가끔씩 느린 기다림이 그리울 때가 있다. 그래서 우표가 붙어있는 손편지를 받아보고 싶은 설렘을 선물하는 심심心한 배달꾼이 되어보기로 한 것이다. 붓이 가지고 있는 부드러움으로 위로의 한마디를 보내줄 수 있고, 강한 힘이 느껴지는 획으로 처진 어깨에 기운을 불어 넣어주는 '힐링캘러'가 되는 방향으로의 느린 걸음을 떼고 있다. 그렇다고 모든 글자에 방향성이 요구되는 것은 아니다.

단어쓰기를 가르칠 때는 받아쓰기를 한다. 2음절, 3음절로 된 단어를 불러주고 그 단어가 주는 느낌을 단어로 표현해 보는 시간이다. 한 단어를 불러주면 순간적으로 떠오르는 이미지를 연상하고 그 이미지에 어울리는 캘리그라피를 써보는 수업이다. 처음에는 자신의 글씨를 남에게 내어놓아야 하는 데 부담을 느껴 자신 없이 획을 긋다가도 세네 번째 단어부터는 표현에 어색해 하지 않는다. 예를 들어 '땡그랑'을 제시하였다고 상상해 보자. 순간 무엇이 연상되는가? 돼지저금통 속에 떨어지는 동전의 소리를 연상해서 글씨를 아래쪽 방향으로 내려오면서 쓰는 사람도 있고, 그릇이 테이블에서 바닥으로 떨어지는 모습을 떠올리고는 대각선 방향으로 쓰는 사람도 있었다. 그리고 동전이 때구루루 굴러가는 이미지를 떠올린 사람은 오른쪽을 향해 쓰기도 한다.

3음절의 단어로 상상할 수 있는 다양한 글씨를 서로에게서 배우게 되고, 이렇게 쓴 캘리그라피를 펼쳐놓고 함께 보면서 한 사람씩 설명을 들어보면 설명과 캘리그라피가 기가 막히게 어우러져 있다는 것을 스스로도 경험하게 된다. 부끄러워서 드러내기 꺼렸던 자신의 캘리그라피를 공유함으로써 다른 사람이 의도와 생각을 어떻게 획에 담고 있는지, 작가의 의도를 적절하게 표현해 주는 방향성의 중요성을 배울 수 있는 수업이어서 꼭 해볼 만한 과정이다. 즉 방향성은 캘리그라피의 의미가 훨씬 잘 전달될 수 있도록 하는 중요한 요소이다. 이러한 의미의 전달을 위한 방향성은 기업정신을 드러내는 데에도 유용한 요소가 되기도 한다.

2011년 미국의 블랙프라이데이에 모든 기업이 미친 듯이 세일을 하고 있었다. 그런데 한 아웃도어 기업의 이상한 광고가 눈에 띄었다.

"Don't buy this jacket" 이 재킷을 사지 마세요.

이것은 미국의 친환경아웃도어 회사 '파타고니아'가 내세웠던 문구다. 파타고니아의 창업주 이본 쉬나드는 아웃도어 스포츠를 즐기는 프로 등반가였는데 등산장비를 직접 만들어 사업을 하게 되었고 어느 날 암벽등반을 하다가 자신이 만든 등산장비 강철 피톤(바위를 올라갈 때 바위에 박는 못)이 바위를 상하게 하는 것을 알게 되었고 산을 사랑하는 사람이 산을 훼손하는 것에 대해 크게 환멸을 느끼고는 스스로에게 묻는다. "나는 무엇을 위해 왜 일하는가?" 그리고는 강철 피톤의 생산을 중단하고 자연에 해를 주지 않는 신제품을 개발하게 된다. "우리가 먹고 살기 위해서 자연을 이용하고 있으면서 자연을 위협하고 있다. 죽어버린 지구에서는 아무것도 할 수가 없다."라며 당장의 매출과 이윤보다는 인간과 자연에 책임감을 가져야 한다고 결심하면서 기업이 나가야 할 방향을 수정했다. 물론 미국전역에서 큰 호응을 얻은 것은 당연한 결과라고 생각한다.

앞에서 광고한 '이 재킷을 사지마세요'에 뒤에는 '필요하지 않다면'이 생략돼 있다. 또한 '오래 입어서 낡은 옷은 수선해 입자'라는 캠페인까지 했다. 기업이 나서서 리사이클링과 업사이클링을 제안한 것이다. 이것은 파타고니아라는 기업이 추구하고자 하는 가치를 어디에 두고 있으며, 목표를 향해 나아가는 방향성을 잘 보여주는 한 예이다.

캘리그라피에는 단어와 글씨체가 만나서 쉽고 적절한 의미 전달을 위한 획의 방향성과 나를 스스로 살피는 자기성찰의 방향성이 존재한다. 캘리그라피를 쓰는 사람이라면 방향감각을 잃지 않도록, 초심을 분실하지 않도록 나침판을 손에 꼭 쥐고 있기를 바란다. 어디를 향하여 누구에게 도달되기 바라는 방향성을 가지고서 말이다. 당신의 캘리그라피가 어둠에서 밝은 빛으로 나가도록 당신을 이끌어주고, 누군가에게 위로를 전할 수 있을 것이다.

내 수강생 중 한 명은 전문적인 커리어로 직장생활을 하다가 아이를 낳고 심한 산후우울증으로 치료를 받고 있다고 했다. 그래도 이겨내기가 어렵다면서 큰 눈에 그렁그렁한 눈물을 담고 떨리는 목소리로 자신을 소개하던 모습을 아직도 잊을 수가 없다. 그분이 캘리그라피로 힘든 터널을 건강하게 빠져나올 수 있도록 도와주는 것이 내가 찾은 방향성이다. 캘리그라피를 쓰는 자신이 먼저 힐링이 되고, 먼저 자존감이 회복되는 경험을 하게 될 것이다. 해주고 싶은 말도 좋지만 듣고 싶어하는 말을 글로 적어 손에 쥐어주며 언제든지 꺼내볼 수 있는 동행을 캘리그라피가 선물해 줄 것이다.

내가 사는 곳에서 수업이 있는 신논현역으로 가려면 전철 6호선을 타고 합정역에서 2호선으로 환승, 또 다시 당산역에서 신논현역으로 가는 9호선을 타야한다. 목적지에 도착하는 데는 여러가지 방법이 있다. 버스를 갈아타고 갈 수도 있고 택시로 편하게 갈 수도 있다. 또 지하철로 한 번에 갈 수 있고, 여러 번의 환승을 해야하는 노선도 있다. 환승을 하지 않는다면 조금 편하게 일찍 도착할 수도 있지만 낯선 경로가 주는 경험은 놓치게 된다. 가고자 하는 방향을 잃지 않는다면 여러 번 환승으로 시간이 지체되다 해도 괜찮을 것 같다. 가는 길에서 만나는 소중한 이야기꺼리가 생기게 될 테니까.

나의 글씨가 멈춤의 조건들 앞에서 주저하는 이에게 시작하는 힘이 되기를 원한다. 무언가를 시작하기에 늦었다고 하는 경력단절여성에게 지금이 바로 시작할 때라고 끌어당기는 힘 말이다. 할 수 없음에 붙여놓았던 갖가지의 꼬리표와 외면하고 의심하는 습성을 버리고, 시작해야 하는 단 한 가지 이유만을 생각하자.

시간의
흐름으로
담다

점점, 점이 보인다

　　얼마 전 한 방송에서 4명의 연예인들이 부족한 경비로 여행을 하며 스스로 문제를 해결하는 프로그램 있었다. 우연히 그 프로그램을 보다가 처음 듣게 된 YOLO. 이 단어는 'You Only Live Once'의 앞 글자를 딴 것으로 4명의 청춘들이 아프리카를 지프로 여행하는 과정에서 만났던 혼자 여행 온 여성이 남긴 말이다. '인생은 단 한 번뿐이다.' 다가오지 않은 미래에 대한 걱정이나 다른 사람에 대한 자신의 희생보다는 자신의 오늘을 소중하게 여기며 살아간다는 의미를 가지고 있다. 현재의 나에게 관심을 가지고 자기를 돌아보며 행복한 이기주의자가 되라고 하는 것이다. 이 말이 급속히 확산되면서 YOLO족이라는 신조어가 생기고 관련 상품까지 쏟아져 나왔다. 만약 당신이 행복해지는 방법으로 선택한 것이 캘리그라피라면 탁월한 선택이다.

처음 캘리그라피를 배우고 쓰게 되면 생활 속에서 아주 쓸모 있게 사용할 수 있다는 장점을 경험할 것이다. 그리고 점점 붓을 드는 시간이 늘어나면서 스스로도 알지 못했던 자신만의 강점을 보게 되기도 한다.

먼저 눈에 보이는 점에 대해서 설명하자면, 캘리그라피를 쓰기 위해 붓을 들고서 고민하는 한 획은 한 점의 시작을 고민하는 것과 같다. 부드러운 획을 긋기 위해서는 부드러운 터치의 점으로 시작할 것이고, 강한 의지로 도전하는 획을 그으려면 시작하는 한 점의 터치에 힘이 들어가게 될 것이다. 이렇듯 한 획을 이루는 시작점은 단순한 하나의 점이 아니라 완성될 획의 중심이 되는 것이며, 표현하고 싶은 작가의 컨셉이 된다.

너와 함께 있으면 언제나 봄날

달력제작을 위해 작업했던 문구 중 하나이다. 이 문장의 느낌대로 봄날을 기다리는 설렘과 사랑하는 사람에 대한 애틋함을 담고 싶다면

너와 함께 있으면 언제나 봄날

온화하고 부드러운 느낌의 가벼운 한 점으로 시작하면 좋다. 붓으로 가볍게 찍은 한 점을 한 획으로 이어가며 글이 가지고 있는 부드러움을 표현해야 한다.

마지막까지 파이팅!

이 글은 어떤 시작점으로 붓을 내려놓으면 좋을까. 수능시험을 앞에 두고 있는 동생을 위해 의뢰했던 문구이므로 끝까지 최선을 다하기를 바라는 응원을 힘 있게 전하기를 원했다. 붓이 공중에서 먼저 움직임을 가지며 내려오듯 찍어주는 점으로 시작한다면 획은 더 힘을 받을 것이다. 한 획을 만드는 점들의 반복적인 연결성을 지루해하면 안 된다.

이제는 눈에 보이는 점이 아니라 눈에 보이지 않는 점에 대해서 이야기 해보자. 한 점으로 시작해 한 획이 되고 그 획으로 자신의 감성을 담아 표현해내는 캘리그라피가 가지고 있는 보이지 않는 점은 무엇일

마지막까지 화이팅!

까. 아무것도 모르고 시작했던 나는 캘리그라피는 그저 붓에 먹물을 찍어 글씨를 쓰는 것이라 여겼고, 화선지에 무수한 획을 그어대면서도 도대체 어디에 감성이 들어있는지도 분별하지도 못했다. 잘 하지 못했기 때문에 지루한 연습을 반복할 수밖에 없었다. 그 지루했던 연습을 하면서 '계속해도 될까'라는 질문에 스스로 답을 찾기 시작했다.

첫째로는 나만의 시간을 가질 수 있다는 점이다. 원치 않은 문자와 스팸 전화, 시도 때도 없이 알려주는 SNS의 알림, 그리고 여러 통의 전자우편까지, 기기가 주는 편리함과 함께 오는 친절한 알림을 확인하는 시간을 잠시 멈춤. 그리고 붓을 드는 순간 나만의 세상으로 들어가는 입구 앞에 서게 된다. 캘리그라피로 나만의 시간을 가질 수 있는 알람을 설정해 놓아라. 상처받았던 마음속 한 부분을 솔직하게 드러내어 쓰는 것으로 셀프 치유가 되는 것을 경험하게 될 것이다.

특히 아이를 키우는 주부에게 자신만의 시간을 가지라고 하면 무슨 팔자 좋은 소리냐고 하겠지만 시간적 여유가 늘 있다면 굳이 자신만의 시간을 만들 필요도 없다. 시간이 부족하기 때문에 억지로라도 만들라는 것이다. 나만의 시간을 가진다는 것은 다시 나를 회복시킬 힘을 만드는 것이다. 포기하고 싶은 마음을 다시 일으켜 세워주는 회복탄력성 말이다. 몇 시간만에 피로가 풀리기는 쉽지 않겠지만 매일 한 시간씩 캘리그라피로 쌓였던 감정과 피로를 회복시켜 놓으면 다음 날이 훨씬 가벼움을 느낄 수 있을 것이다. 이것이 캘리그라피가 당신에게 주는 유익한 점이다.

두 번째로는 캘리그라피는 나이의 제한 없이 할 수 있다는 점이다. 내 수강생은 중학생부터 80대까지 연령의 폭이 상당히 넓다. 연세가 가장 많은 분은 따님과 함께 배우고 있는 김왕수 님으로 올해 81세다. 그리고 다음은 72세 박명희 님이다. 연습도 열심히 하고 젊은 사람들보다 훨씬 다양한 획을 보여주고 있다. 대부분의 노년층은 나이가 학습에 방해가 된다고 여기는 경우가 적지 않다. 나이 때문에 할 수 없다고 정당화 시키고 싶어하기도 한다. 그러나 72세의 명희 님은 캘리그라피를 배우는 재미에 나이를 내밀지 않는다. 배운 것을 연습하며 과제를 보여주기도 하고 멋지게 쓴 캘리그라피를 휴대폰으로 찍어놓고 따라 써보기도 한다. 손떨림을 흔들리는 획으로 활용하기까지 한다.

"불가능하다고 입증되기 전까지는 모든 것이 가능하다. 그리고 불가능한 것도 현재 불가능한 것일 뿐이다."

소설《대지》로 노벨상을 수상한 작가 펄 벅의 말처럼 불가능하다고 스스로 단정짓지 않는다면 나이는 불가능의 요소가 되지 않는다. 지금 캘리그라피가 잘 안 되는 것은 할 수 없다고 생각하는 당신의 고집에 있는 것은 아닌지 되물어보길 바란다.

미국의 코미디 배우인 스티브 마틴은 64살에 가수로 정식 데뷔해 밴드 연주앨범 〈Crow〉로 그래미상을 받고 70이 넘은 지금도 열심히 연주하며 노래를 하고 있다. 그리고 99세에 시인으로 등단한 시바타 도요는 "인생이란 언제라도 지금부터야, 누구에게나 아침은 반드시 찾아온다."라고 했다. 나이를 불가능의 조건으로 보지 말고 누구보다 풍부한 감성과 경험의 소유자로 관점을 전환하자. 세월의 무게로 인해 도전하기 주저한다면 지금이야말로 당신이 새롭게 시작하기 위해 기다리던 아침임을 잊지 말아라. 새로운 것을 배우게 되면 당신의 시야는 넓어지게 되고 두뇌 움직임은 점점 좋아진다.

지금 당신이 캘리그라피에 관심을 가지고 배우기를 희망한다면 기억하라. 당신이 살아온 경험들이 캘리그라피에 고스란히 묻어나오는 재료들을 누구보다 더 풍부하게, 더 깊이있게 가지고 있다는 것을. 그리고 정답 없는 문제를 해결하며 묵묵히 걸어왔던 굽이굽이 인생길의 표현을 누구보다 더 잘 발휘할 수 있다는 것을.

그리고 마지막으로 캘리그라피로 감사한 마음을 감동적으로 전할 수 있다는 점이다. 폰트로 작성되어 일관적으로 보내는 전자우편의 건조함, 대량인쇄로 받아보게 되는 우편물과는 전혀 다른 손편지를 받는다면 상대방은 펜으로 쓰인 당신의 이름을 보면서부터 설레이기 시작할 것이고, 캘리그라피로 쓴 글을 읽으면서 감동으로 촉촉하게 될 것이다. 이것이 캘리그라피가 주는 가장 큰 행복일 것이다.

친구의 결혼식 봉투에 축하의 마음을 캘리그라피로 담아준다면 결코 그 봉투를 버리지 못할 것이다. 나는 지인의 결혼식 축의금 봉투에 캘리그라피로 '언제나 오늘처럼'을 적어주었는데, 실제로 그는 봉투를 액자에 넣어 놓았다. 자녀의 생일파티에 초대받을 친구의 이름을 적어 정성스럽게 캘리그라피로 작업한 초대장은 꼭 받고 싶은 감동엽서가 될 것이다.

이렇듯 한 점을 시작으로 한 획이 되고, 문장이 되는 캘리그라피는 눈에 보이지 않는 유용한 점들을 제시해 준다. 눈에 보이는 캘리그라피가 눈에 보이지 않는 마음을 다스려 주는 한 점이 되어주기도 했고, 예전에는 결코 시도하지 않았을 새로운 시작을 알리는 방점이 되어주기도 했다. 캘리그라피가 주는 점들이 차곡차곡 쌓여지면 당신의 긍정포인트가 올라감은 물론, 캘리그라피로 꿈에 접근하는 누군가에게는 분명한 반전 포인트가 될 수 있을 것이다.

한 캘리그라피 작가가 나에게 묻는다.

"왜 캘리그라피를 하시나요?"

"나는 삶이 선이라고 생각해요. 점, 점, 점이 모여 선이 되는데, 그 가운데 방점을 찍는 것이 바로 캘리그라피에요. 내 인생의 방점 말이에요"

캘리그라피를 처음 접하게 되면 누군가가 남긴 멋진 글들로 연습을 하게 된다. 차츰 캘리그라피에 실력이 붙어가면 자신의 내면을 담금질하게 된다. 담금질이 잦아질수록 나를 찾아가려는 자아회복력이 내게도 있다는 것을 확인하게 된다. 누구에게나 자기의 이야기를 하고 싶은 욕구가 있다. 누구의 엄마로서의 하루도 보람 있고, 남자의 아내로서의 일상도 좋지만 온전한 나로 돌아가서 자신의 이야기를 풀어내 자아회복력을 키워보는 건 어떤가.

캘리그라피는 성장의 도구가 되어 당신이 기다리던 반전의 날을 맞이하게 해줄 것이다. 마음성장학교에 붓을 들고 입학한 것을 축하한다.

배웠으면 꼭 써먹어라

"선생님, 안녕하세요? 저는 서울 C대 동아리 인액터스의 'Entree' 팀에 소속되어 있는 김소연이라고 합니다. 저희 엔트리팀은 발달장애인들이 우리 사회에서 스스로 자립할 수 있도록 돕고 이는 일을 하고 있습니다."

한 장애우학교 학생들의 자립을 돕는 크라우드펀딩을 기획하고 있는데 후원자들에게 캘리그라피로 쓴 틸란드시아 화분을 준비하려고 한다고 했다. 그래서 캘리그라피 재능기부를 부탁하기 위해 연락을 해왔다. 2015년 초에 내 블로그를 보고 연락을 해온 것이 인연의 시작이었다. 사업을 시작한 지 몇 달이 되지도 않았고 작업실과 쇼핑몰을 준비하느라 정신없는 시간을 보내고 있던 때였다. 발달장애학생들이 쓴 캘리그라피를 가지고 디자인 제품을 만든 후 이를 기업 및 일반인들에게 판매하여 생긴 수익금을 장애학생들에게 돌아가도록 하는 크라우드펀딩 프로젝트였다. 고민하지 않고 선뜻 응했다. 지금의 캘리그라피보다는 부족했지만 내 블로그에 올려진 캘리그라피를 보고 용기를 내서 연락한 담당자에게 '아직 준비가 안 되어서'라는 핑계를 대고 싶지 않았다. 부족하면 열심히 해서 부족한 부분을 채워나가는 것도 의미가 있으리라 여겼다.

캘리그라피로 작업할 문구를 전달받고 매일같이 연습해서 필요한 날짜에 보냈다. 잘 못쓰면 어떡하지, 맘에 안 들어서 제품으로 만들지 못하면 어떡하지 등의 걱정은 접어두어야 했다. 미루는 것은 너무 잘하려는 욕심이 만드는 부작용이 아닐까. 걱정만 하고 실행하는 것을 미루는 것보다는 작업을 해가며 수정하고 보완해 나가는 것이 훨씬 현명한 방법이다. 그때나 지금이나 의뢰 받은 문구들 대부분이 나에게 해주는 말 같고, 작업하면서 위로 받는 경우가 허다하다. 그때의 문구 역시 나 자신에게 하는 말 같았다.

걱정 접어둬

이 재능기부는 부족했던 나의 자신감을 한 단계 올려주는 촉진제가 되었다. 캘리그라피는 틸란드시아 화분으로 제작되어 투자자에게 발송되었고, 담당자로부터 사진과 함께 감사하다는 인사를 받았다. 그리고 남을 돕는 것이 곧 나를 돕는 것임을 알게 되었다.

남부여성발전센터에서 2년 이상 수업을 받은 분이 있다. 나이도 나

와 비슷하고 대화를 주고받으면서 많이 가까워졌다. 미화 님은 캘리그
라피를 배우게 된 계기가 오랜 직장에서 퇴직하고 처음으로 자신을 위
한 시간을 가져보고 싶었기 때문이라고 했다. 평생 공무원으로 틀에 박
힌 일상을 보내다가 자유로운 캘리그라피의 첫 획이 자신의 감성과는

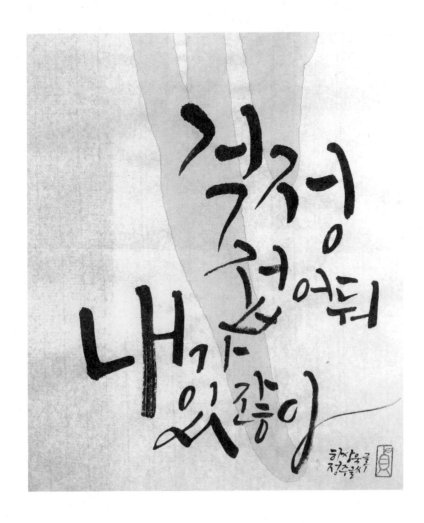

무관하게 그어지니 배우는 도중에 낙심과 희망의 오작교를 수없이 오고 갔을 터였다. 그렇게 2년을 쓰면서 자격증을 취득하게 되었고 캘리그라피 공모전에 출품해서 입상도 했다. 미화 씨는 서두르지 않고 성실하게 수업시간을 출석하며 안정적인 캘리그라피를 쓰는 단계에 다다랐다. 그리고 지난 연말 함께 배운 수강생들과 작품집을 내고, 캘리그라피로 참가한 첫 프리마켓에서 성공적인 스타트를 경험했다.

　이렇게 자격증이든, 대전에 출품을 하든, 프리마켓에 나가든 가까운 미래의 목표를 정해놓기를 제안한다. 멀지 않은 미래에 자신이 이루고 싶은 작은 꿈을 설정해 놓으면 그 도전을 위해 집중적으로 연습할 계기가 된다. 그리고 작은 성취감들이 모여 비워있던 내면의 자신감을 채워준다. 쏟았던 노력은 자격증이 되어 오고, 입상통지서가 되어 당신 손에 놓여질 것이다.

　누구나 처음에는 자신감이 없어서 주저하는 똑같은 증상을 보인다. 그러다가 주변의 격려와 응원으로 아주 작은 용기를 내어 캘리그라피 작업을 해보려고 한다. 이때 주변에 자신을 지지해 주는 사람이 있는 것이 훨씬 도움이 된다. 나는 그 역할을 하고 싶어서 교육을 하며 함께 성장하고 있다. 쌍둥이를 키우며 캘리그라피를 배웠던 진숙 님은 교회 행사에서 자신이 작업한 캘러그라피 사진을 보여주었다. 그녀는 교회관계자의 요청을 계속 거절할 수 없어 쓰기로 했지만 자신감부족증후군은 쉽사리 사라지지 않았다. 지지자인 나는 연습을 2배로 하라는 처방을 내렸다. 부족한 것은 채우면 되고 채우려면 많이 쓰면 된다. 누구나 알지만 아무나 실행하지 않는다. 지금 실행한다면 당신은 이미 성공한 것이다. 자신의 캘리그라피가 현수막으로 출력되어 많은 사람 앞에 노출되는 짜릿한 감동을 본인이 아니면 누가 알 수 있겠는가.

나는 수업시간에 항상 말한다.

"배웠으면 꼭 써먹으세요."

그러면 꼭 딴죽을 거는 사람이 있다. 이렇게 못 쓰는데 어떻게 써먹어요. 또는 누가 써달라고 해도 겁이 난다고 하면서 열심히 연습하고 있는 사람에게까지 부정적인 기운을 퍼뜨린다. 내 경험상 딴죽을 거는 사람은 머지않아 붓을 내려놓기 십상이다. 옆에서 지지해주는 사람이 없다면 스스로 자신의 지지자가 되어주자.

15살에 보디빌더가 되겠다고 할 때도, 영화배우가 되겠다고 했을 때도 그리고 주지사가 되겠다고 했을 때에도 사람들은 언제나 가망성이 없을 거라고 말했다. 하지만 언제나 안 된다고 말하는 사람들은 있기 마련이라고 말하는 사람이 있다. 그는 바로 강한 억양의 헐리우드 배우 아놀드 슈왈제네거이다.

"넌 절대로 미국에 갈 수 없을 거야.", "넌 절대로 배우가 될 수 없을 거야.", "그런 억양으로 영화에서 주연배우가 될 수 없을 거야.", "넌 정치 경력이 전혀 없어서 주지사가 될 수 없을 거야. 절대 불가능해."

하지만 그들의 말은 틀렸다. 그는 모든 것은 언제나 불가능하지만 누군가가 해내면 가능한 것으로 바뀐다는 넬슨 만델라 대통령이 한 말을 굳게 믿었다고 한다. 그렇다. 세상에는 자신이 할 수 있다고 생각하는 사람과 할 수 없다고 생각하는 사람이 있다. 당신은 어느 쪽에 서고 싶은가?

비용과 매일 3시간의 시간을 꼬박 들여 실력을 저축했다면 이제 실력을 꺼내어 사용하는 즐거움을 챙길 때이다. 대부분의 사람들은 완벽한 실력을 갖춘 후에 실행하려고 한다. 미룬다고 연습을 더 많이 하는 것도 아니고 미룬다고 자신감이 생기고 실력이 향상되는 것이 아닌데도 말이다.

당신에게 완벽함을 선포해 주는 이는 누구인가. 누구도 "당신은 이제 완벽하니 맘껏 캘리그라피를 써먹으세요"라고 선언해주지 않는다. 인정하는 것도 당신이고, 선언하는 이도 당신이어야 한다. 자신감은 누가 만들어 주는 것이 아니라 연습이라는 꾸준한 시간을 지나 내 손에 들려진 통장과 같은 것이다. 통장 안에 들어있는 당신의 캘리그라피를 하나씩 꺼내어 지친 사람들을 위한 위로의 메시지를 보내주자. 당신의 재능을 필요로 하는 곳에 나눠주어라. 묵히지 말고 써먹으면 머지않아 당신의 캘리그라피를 비용으로 보상받는 멋진 날이 앞에 와 있을 것이다.

짧은 한 줄, 긴 여운

매일 아침이면 틀어놓은 라디오 프로그램에서 한 피아니스트와의 인터뷰를 듣고 있었다. 마지막 질문으로 사회자가 물었다.

"피아노 연주의 마지막 소리는 무엇이라고 생각하시나요?"

"피아노 연주의 마지막 소리는 침묵이라고 생각합니다. 두 시간의 연주를 듣는 동안 관객이 느끼는 감동은 다 다르죠. 그렇기 때문에 연주의 마지막 소리는 관객이 계속해서 상상할 수 있도록 해주는 침묵이라고 생각해요."

연주자의 피아노 선율이 관객의 마음에 퍼지면서 일어나는 파동은 감상자 외에는 알 수 없다. 그래서 감상자에게는 긴 연주를 듣고 남겨지는 여운을 조용하게 음미할 수 있는 시간이 필요한데, 그것이 침묵이라고 했다. 2시간의 연주는 물리적인 2시간에만 머무르는 것이 아닐 것이다. 그 연주를 통해 얻어지는 평온함은 몇 시간, 몇 일에 걸쳐 안정된 감정으로 생활하는 데 도움이 되기도 하고, 어쩌면 자신의 진로를 결정하는데 관여하기도 한다. 피아니스트는 연주로 관객에게 메시지를 전하고, 관객은 그 메시지가 사라지지 않게 잘 간직한 채 은밀한 소통을 하는 것이다. 분명 이러한 소통의 경지에는 수백 번, 아니 수천 번의 노력이 있을 터이다. 지금도 마지막 소리를 남겨주기 위해 반복적인 연습을 게을리 하지 않고 있을 것이다.

만약 나에게 이 질문이 주어졌다면 어떤 답을 할 수 있을까. 캘리그라피에 있어 마지막 획은 무엇일까. 나는 잊고 있었던 감성과 추억을 소환하는 울림이라고 답할 것이다. 단 한 사람을 위한 길지 않은 캘리그라피로 쓰여진 메시지는 머리보다 마음에 먼저 도달할 것이고, 울림의 여운을 반복적으로 음미하게 될 것이다.

지인으로부터 캘리그라피 액자를 선물 받고 캘리그라피에 관심을 갖게 되었다는 사람들이 많다. 캘리그라피로 쓰여진 가슴 뭉클한 카드를 받고서 소환되어진 감성이 너무나 좋았다고 했다. 글씨로 전해지는 감동의 여운을 차곡차곡 모았다가 그 여운이 가시기 전에 직접 배우기로 결심한 경은 님. 갱년기로 몸은 아프고 마음은 우울한 시기에 친구로부터 받은 '내 인생의 봄날은 언제나 지금이다'라는 캘리그라피를 받고 새로운 시작을 할 수 있었다고 한다. 짧은 한 줄의 캘리그라피가 가지고 있는 힘이다. 허약해진 마음을 단단하게 만들어주는 것은 따뜻한 말 한마디일 수 있다. '훅'하고 들어와서 뭉클하게 만드는 따뜻함 말이다.

내가 강의하는 여성발전센터는 경력단절여성들의 사회재진입을 위한 교육을 전문적으로 하는 곳으로 새로운 목표를 가지고 오는 30대 중반에서 50대가 많다. 센터에서는 백여 개의 강의를 분기별로 새롭게 시작한다. 나는 이곳에서 11년간 강의를 하면서 이천 명이 넘는 사람들을 만났다. 그러면서 알게 된 것은, 많은 사람들이 선택은 비교적 어렵지 않게 하지만 집중은 선택만큼 쉽게 따라가질 못한다는 것이다. 여러 강의를 돌아가며 들어보는 것도 선택을 위한 한 방법이다. 하지만 선택만 하고 집중을 하지 않는다면 단단해진 마음은 다시 허약해질 수 있다.

선물 받은 액자 속 캘리그라퍼처럼 쓰고 싶다는 생각이 배움의 속도를 앞서는 성급함을 보일 때도 있다. 캘리그라피에 대한 기초는 다른 센터에서 배우고 나에게 중급을 배우러 오는 사람들이 종종 있다. 교육 내용은 강사에 따라 조금씩 다르기 때문에 전 수업에서 배운 캘리그라피 포트폴리오를 센스 있게 가져오는 수강생도 있지만 준비하지 않고 오는 수강생에게는 짧은 문장을 써보도록 한다. 어느 정도의 수준인지를 파악해야 그에 맞는 수업내용을 제공할 수 있기 때문인데, 간혹 기초를 다시 배우는 게 훨씬 도움이 되는 사람들도 있다. 이들은 획을 자신 있게 긋지 못한다. 이때가 가장 곤혹스럽다. 개인지도하면 문제가 되지 않지만 단체수업은 한 사람만을 따로 지도하기 어렵다. 그래서 최대한 부드럽게 부족한 부분에 대해 설명하고 기초를 조금 더 해볼 것을 권유하지만 선택은 당사자에게 맡긴다. 자신이 그을 수 있는 획의 표현보다 더 앞질러 가려는 조급함에 마음이 뺏기지 않는다면 여러분도 긴 여운을 남길 캘리그라퍼가 될 수 있다.

옛날에 닭싸움을 좋아하는 왕이 있었다. 왕은 싸움닭을 잘 훈련시키는 조련사에게 자신의 닭을 훈련시켜달라고 요청하고 열흘이 지난 후 왕이 조련사에게 닭이 싸움에 나갈수 있는지를 물었다. 그러자 조련사는 그 닭이 자신의 기운만 믿고 한창 사나워서 기다려야 한다고 말했다. 열흘이 다시 지나고 왕이 다시 물었다. 다른 닭의 소리를 듣거나 그림자만 보아도 바로 달려들어서 더 기다려야 한다고 조련사가 대답했다. 또 열흘이 지난 후 왕이 물었더니 아직도 다른 닭을 보면 눈을 흘기며 기운을 자랑하고 있으니 더 기다려야 한다고 대답했다. 그렇게 40일이 지났을 때 조련사가 왕에게 말했다. "이제는 다른 닭을 보아도 눈을 흘기지도 않으며 자신의 기운을 뽐내지도 않고 상대편 닭이 소리질러도 동요하지 않는 목계, 즉 나무로 만든 닭처럼 신중하고 의연해졌다"고 대답했다. 왕의 조급함에 조련사가 마음이 뺏겼다면 왕의 싸움닭은 투견에서 패배하게 되었을 것이다. 빨리 뛰다가 넘어지지 말고 천천히 가며 채워가는 것을 긴 여운으로 삼았으면 한다.

긴 여운을 위한 첫 줄을 처음부터 길게 쓰기는 쉽지 않다. 그렇게 때문에 연습시간을 반드시 확보하여야 한다. 정직한 노력이 가장 빠르게 자신이 원하는 모습으로 만들어준다는 진리는 모든 일에 해당된다.

나는 기초수업을 진행하면서 어느 정도 획을 연습하고 나면 감정일기를 쓰도록 숙제로 내준다. 일주일동안 느낀 감정을 한 단어로 짧지만 감정을 실어서 써보는 연습이다. 예를 들면 '맑다', '지쳐', '유쾌', '힘들어' 등으로 말이다. 이렇게 단어에서 문구로 그리고 단문을 거쳐 장문 쓰기까지 한 단계씩 올라서도록 연습해 보자. 특히 경력단절여성이 캘리그라피로 꿈을 꾸고 있다면 연습의 단계를 건너뛰지 말기를 당부한다. 연습의 힘은 꿈을 성장시키는 것뿐만 아니라 끝까지 버티는 힘을 만들어 주기 때문이다. 이미 많은 캘리그라퍼가 있는데 '내가 해도 될까'라고 의심의 소리에는 시도 때도 없이 마음을 내주면서 연습시간에는 인색하지 않은지 물어보고 싶다.

단문을 넘어 장문쓰기를 연습할 때 한 가지 팁이 있다면 노래를 틀어놓고 들리는 대로 따라 써보는 것이다. 들리는 가사를 따라 쓰다 보면 지금껏 자신이 써보지 않은 글자체를 발견하는 즐거움이 있을 것이다. 특히 늘 같은 글자체만 나와 고민인 사람들에게 권해주고 싶은 방법이다. 이렇게 충분히 연습하고 나면 자연스럽게 자신의 감정을 담은 다양한 획을 긋게 된다. 전하고 싶은 문구에 따라 획에 변화를 줄 수 있는 필력을 확인하게 될 것이다.

선물 받은 캘리그라피 엽서의 감동으로 배우기 시작한 경은 님은 더 이상 성급한 붓질을 하지 않는다. 천천히 한 문장을 집중적으로 연습한다. 한 획에서 한 단어로, 다시 한 문장으로 한 계단씩 밟고 올라간다. 휘청거리지 않고 탄탄하게 밟고 올라서는 것이 당신이 쓰고 싶은 캘리그라피에 이르는 최단거리이며, 그 구간을 통과하면서 쌓인 화선지는 통행료인 셈이다. 그리고 마침내 긴 여운으로 남겨질 당신의 짧은 한 줄을 기다리는 사람을 만나게 될 것이다.

먹을 멋스럽게, 멋을 먹스럽게

출강하는 고등학교 캘리그라피 수업에서 자신을 색으로 표현한다면 무슨 색에 가까운지를 고민하고 붓으로 써보는 시간을 가졌다. 그리고 선택한 이유도 적어 제출하도록 했다. 이 아이들은 보통의 10대들과 마찬가지로 휴대폰으로 빈 시간들을 채우는 데 익숙하고 자극적인 영상에 더 민감하게 반응하는 아이들이다. 그러다 보니 더디게 이뤄지는 것을 견디기 싫어하고 쉽게 해결되지 않으면 금방 포기하기도 한다. 빠른 템포에 익숙한 아이들과 느린 글씨를 쓴다는 것이 처음부터 녹록치는 않았다.

그런데 같은 것을 반복하는 것이 질색인 아이들은 한 학기를 지나고 2학기가 되면서부터 조금씩 변화하기 시작했다. 생각하는 시간이 길어지게 되었고 캘리그라피에 자신만의 개성을 담으려는 노력이 보였다. 색으로 표현하라는 요구에 사뭇 진지하게 고민한다. 자기는 펄펄 끓어 오르는 청춘이라며 빨강으로 표현한 경우, 아직 성장하는 중이라며 초록을 쓴 혁이도 있었다. 그리고 캘리그라피에 소질이 있는 대훈은 분홍색이라고 적었다. 이유는 부드러운 감성을 표현하며 사랑받는 사람이 되고 싶어서라고 했다. 그리고는 아이들에게 나를 색으로 표현해 달라고 요구했다. 긍정과 부드러움을 지닌 하늘색이라고 하는 학생도 있었고, 맑은 미소로 해처럼 웃어줘서 노란색이라고 하는 학생도 있었다. 그리고 캘리그라피를 쓸 수 있게 도와주기 때문에 먹물 같은 색, 검정이라고 하기도 했다. 아이들의 멋스러운 생각이 먹물로 멋있게 표현되는 수업이었다. 그래서 요즘에는 캘리그라피를 먹으로 쓰는 먹글씨라고도 하고, 멋스럽게 쓴다고 해서 멋글씨라고도 하나 보다.

먹이 멋스러운 것은 먹이 가지고 있는 색, 검정에도 의미가 있다. 검정색은 가볍지 않다. 깊이가 있고 무게감이 느껴진다. 검정 정장을 입은 모습을 상상해 보자. 검은 정장을 입는 사람에게는 자신감이 나타나고 감정을 절제하는 힘이 느껴진다. 신뢰감을 검정이라는 색으로 은밀하게 전달하기도 한다. 이렇듯 검정색은 다양한 의미를 담고 있다. 검은색은 외형적으로만 멋있는 것이 아니다. 검은 먹을 가는 동안 생각이 정리되며, 글씨를 쓰려고 하는 사람의 생각이 먹물에 담겨 투명한 검정으로 표현되기 때문에 더욱 멋스럽다.

먹은 자신을 비워내는 과정을 통해서 더욱 멋스러워진다. 자신을 비워내는 과정을 이겨낸다면 먹이 나타내는 먹물의 멋스러움을 눈으

로 확인할 수 있게 될 것이다. 먹물의 매력은 무엇일까. 일상의 분주함
이나 TV시청을 잠시 멈추고, 시도 때도 없이 들었다 놓았다 하는 휴대폰
을 손에서 내려놓는다면 훨씬 멋스러운 작품이 탄생하지 않을까. 하루
에 1시간 먹을 가는 동안 생각이 씻겨나는 것을 경험하게 될 것이다. 생
각이 세수하고 나면 한층 투명해지고 깊어지는 감성 캘리그라피를 쓸
수 있는 도움닫기를 할 수 있다.

먹은 한 가지 색으로 다양한 깊이를 낼 수 있다. 같은 색으로 보이지
만 농담에 따라서 달리 표현되는 먹스러운 멋이 있다. 먹의 종류에는 소
나무를 태워 나온 그을림에 아교와 첨가제를 넣어 만드는 송연먹과 식
물열매를 태워서 나오는 기름으로 만드는 유연먹이 있다. 우리나라에
서 주로 쓰고 있는 먹은 경유, 등유 등을 써서 만든 양연묵이 주류를 이
룬다. 캘리그라피는 먹을 갈아서 만든 먹물을 쓰는데, 제한된 수업시간
에 먹을 갈아서 사용하기란 쉽지 않다. 집에서 먹물을 갈아서 준비해 오
거나 판매하는 먹물을 사용할 수밖에 없다.

시중에 판매되는 먹물은 직접 먹을 간 먹물에 방부제와 같은 첨가
물이 더 들어가기 때문에 붓을 쓸 때 먹물의 질감이 차이가 날 수밖에 없
다. 좋은 먹은 부드러운 붓으로 쓰던지, 탄력 있는 붓으로 쓰던지 막힘
없이 매끄럽게 획을 진행할 수 있게 해준다. 그래서 연습이 아닌 캘리그
라피 전시를 준비할 경우는 대부분의 작가들이 먹을 신중하게 선택한
뒤 직접 갈아서 작업한다.

직접 갈아서 작업하는 경우에 3시간을 연습한다고 한다면 보통 3시
간 동안 부지런히 갈아야 한다. 먹을 가는 데 익숙해지다 보면 어느 정도

갈아야 적당한 번짐이 표현되는지를 알 수 있게 된다. 먹물을 찍어 미리 화선지에 한 획을 그어 붓자국이 남지 않게 지나가면 잘 간 것이라고 할 수 있다. 하지만 이것도 자신이 쓰고자 하는 캘리그라피의 느낌에 따라 적절하게 조절해야 한다.

　나는 가끔 먹을 간다. 작업실 창을 활짝 올리고 음악을 풀어놓는다. 음악은 감성을 불러오고 넓은 창은 감성을 넉넉히 받아드릴 그릇이다. 먹을 벼루에서 가는 동안 어느새 호흡을 따라 깊숙한 곳에 먹향이 들어오면 마음이 먼저 글씨를 쓰는 듯하다. 이 시간부터 캘리그라피는 멋스러움을 드러내기를 시작하고 있는지도 모른다. 그런데 요즘에는 이런 불편을 대신해서 펜이나 먹물이 들어있는 붓펜으로 캘리그라피를 하기도 한다. 휴대하기 편해 외부에서 많이 활용한다. 붓펜만 사용하는 사람도 있다. 그런데 붓펜에서 먹스러운 멋을 느낄 수 있을까.

　컴퓨터가 없을 때, 신문은 신문에 사용할 모든 글자를 미리 만들어놓고 기사내용에 맞게 수작업으로 글자를 하나씩 찾아서 신문 크기의 판에 잉크를 칠해 찍어서 활판인쇄로 만들었다. 이때 기사의 글자를 손으로 찾는 일을 하던 사람이 있었는데, 문선공이라고 한다. 납으로 만든 활자를 문선공은 1분에 40개에서 50개를 골라내었다고 한다.

　컴퓨터인쇄의 등장과 함께 사라진 문선공들과 활자인쇄의 기름냄새와 잉크냄새. 아직도 이 불편한 방식으로 납활자를 만들어 일일이 집자하여 세상에 하나뿐인 책을 만들고 있는 파주출판단지의 '활자공방'의 부활이 반갑다. 비용면에서도 컴퓨터인쇄의 20배 정도 들어간다고 한다. 이 불편한 인쇄가 부활한 데에는 대체할 수 없는 아날로그적 감성과 멋이 있기 때문일 것이다.

편리함이 줄 수 없는 감촉처럼 붓펜의 검정 잉크가 아닌 먹만이 가지고 있는 감흥이 먹물에도 있다. 벼루 위에서 몇시간을 꼼짝없이 갈아야만 쓸 수 있는 불편한 먹물이 보여주는 번짐과 선의 질감을 꼭 한 번 경험해보길 권한다.

단 하나의 먹색은 묵직함과 강함을 외치기도 하고 고요하며 가벼운 속삭임으로 소통하는 놀라운 힘을 가지고 있다. 격이 다른 먹색이 주는 정직한 멋은 그 어떤 화려한 색채에 결코 밀리지 않는다 것을 확인해 보기를 바란다. 이것이 먹으로 캘리그라피를 작업하는 깊은 즐거움 중 하나이다.

먹을 가는 시간은 나의 생각을 씻고 마음을 가다듬어준다. 문선공처럼 감성의 글자들을 뽑아낼 수 있는 시간이 되기도 한다. 공간은 먹향으로 퍼지고 표현은 먹물로 번져가는 이 작업이야 말로 먹이 가장 멋스러워지는 순간이 아닐 수가 없다. 이제 당신의 멋스러운 캘리그라피에 먹스러움을 담아낼 차례이다.

스스로를 갈아내어 만들어진 먹물로 벼루 속 연지가 조용히 채워지면서 복잡했던 생각은 조용한 숨결과 자리바꿈을 하게 될 것이다. 그리고 먹은 붓끝에서 자유로운 획이 되어 날아가 사람들의 마음에 꽂히게 될 것이다. 이렇게 나에게 먹작업은 삐뚤되던 심보를 제자리로 돌려보내 주곤 한다.

『적벽부』로 유명한 중국을 대표하는 문장가인 소동파는 '사람이 먹을 가는 것이 아니라 먹이 사람을 갈아준다.'라는 명언을 남겼다. 바쁜 일상을 살아내느라 자신도 모르게 가졌던 세모의 시선과 네모의 생각들이 먹을 가는 느림의 흐름 속에 들어갔다 나오면 동그라미로 돌아나오는 것이리라.

당신은 이제 멋스럽게 글씨를 쓸 수 있는 진정한 준비를 마쳤다. 바른 자세로 먹을 갈면서 고집스러웠던 생각을 씻어내고 왜곡된 말들로부터 받은 상처를 조금씩 갈아주면서 마음 챙김의 시간이 될 것이다.

먹을 세게 갈면 열이 생기고 거품이 생기며 먹이 쉽게 상할 수 있기 때문에 천천히 갈아야 하는 것처럼 급한 마음으로 캘리그라피를 쓰게 되면 획은 휘어질 것이고, 의도하지 않은 먹의 번짐으로 붓을 멀리하게 될지도 모른다. 천천

좋은 먹이란?

좋은 먹을 선택하는 팁을 잠깐 알아보면, 만졌을 때 거친 느낌보다는 입자가 곱고 윤기가 나는 부드러운 느낌이 좋고, 가벼운 것보다 무거운 것이 좋으며, 두드려 보면 소리가 없는 것보다 맑은 소리가 나는 것이 좋은 먹이다. 먹을 갈 때는 뜨거운 물을 사용하면 먹물의 입자가 굵게 되니 화선지 위에서 캘리그라피를 쓸 때 거친 표현을 위해서라면 좋겠지만 부드러운 표현을 위해서는 뜨거운 물로 먹을 가는 것에 주의하도록 한다. 순수한 물이 아닌 것을 사용할 시에는 먹의 광택이 없어질 수 있다. 또한 먹을 급히 갈게 되면 먹과 벼루에서 마찰열이 생겨 그 열기로 거품이 생기게 되니 천천히 가는 것이 좋다.
벼루 위에 먹을 수직으로 세우고 먹의 밑면이 삐뚤어지지 않도록 잡는 것은 몸과 마음이 하나로 된다고 가르치고 있다. 먹을 가는 데 있어서 가장 기본이 되는 것을 다시 정리하면, 뜨겁지 않은 깨끗한 물을 사용해서 벼루 위에 먹을 수직으로 세우고 한 방향으로 천천히 가는 것이다.

히 나를 살피고 성취지향적이기보다는 즐거움지향적인 캘리그라피를 쓰기를 권한다. 여유 있게 먹墨이 멋스러움을 채워갈수록 캘리그라피의 멋은 그 먹스러움으로 빛난다는 것을 잊지 말기 바란다.

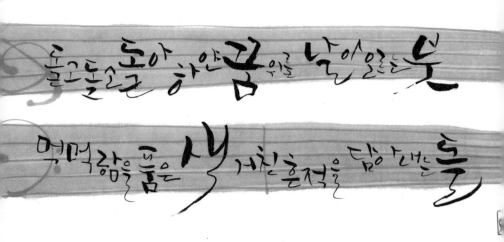

꼭 전하고 싶은 한 마디가 있습니다

경력단절여성 수강생이 상담요청을 해왔다. 9개월 동안 열심히 누구보다 캘리그라피를 즐기며 배우고 있었는데 2주째 수업에 나오지 않아 걱정이 되던 참이었다. 커피 한 잔씩 앞에 놓고서 그녀가 말을 꺼냈다.

"선생님, 캘리그라피가 좋은데 전망에 대한 확신이 없어요."

"아니 지금까지 잘 따라 오셨는데…. 무슨 일 있으세요?"

"주변에서 캘리그라피로 뭘 할 거냐고 자꾸 그러네요."

나에게 들려주는 내용은 이랬다. 이 수강생은 경력단절여성에서 탈출하는 출구로 캘리그라피를 선택했고, 그 출구를 향해 열심히 가고 있었는데 주변에서 그녀에게 하는 말들은 그녀를 응원하는 소리가 아니었던 것이다. 지금 캘리그라피를 배워서 뭘 하려고 하느냐부터, 캘리그라피로 무슨 돈을 벌 수 있겠느냐, 캘리그라피를 쓰는 사람이 많은데 어떻게 일을 할 수 있겠느냐, 강사는 아무나 하느냐며 그녀의 의지를 꺾어버렸던 것이다. 나는 용기와 도전의 말을 건네며, 버티면 기회를 만나게 된다고 강조했지만 미래에 대한 그녀의 불안감은 주변의 염려를 먹이감으로 자라고 있었다.

의욕상실과 중도 포기로 이어지게 하는 주변의 염려에는 자주 등장하는 인물이 있는데, 바로 자녀들이다. 괜히 돈도 안 되는 것에 시간 투자하지 말고 자녀나 잘 돌보는 것이 낫다고 하는 주변의 조언이 그것이다. 자신을 위한 시간을 가지는 것이 마치 불량엄마가 되는 듯한 모습이 안타깝다. 미래에 대한 불안감이 그녀의 붓질을 멈추게 하고, 엄마의 자리가 붓을 내려놓게 하기도 한다. 누구에게나 미래의 불안함은 있다. 그 불안함을 극복하는 사람만이 성장하는 것이고 자신의 꿈 옆으로 다가갈 수 있다. 자신의 선택을 믿어야 불안함을 극복할 수 있다.

자녀가 유치원이나 어린이 집에 가기 시작할 때부터 초등학교 저학년이 되는 시기에 조금씩 자신을 위한 시간을 늘려가 보자. 관심 있는 것에 대한 정보를 모으고 여기저기 기웃거리면서 적성에 맞는 것에 가까이 다가가 보는 것이다. 캘리그라피에 관심이 있다면 자녀가 유치원이나 학교에 있는 시간에 학원이나 문화센터에 가서 무리하지 않게 시작해보는 거다. 그러다가 자녀가 초등학교 고학년이 되면 더 많은 시간이 생기게 된다. 자녀가 공부에 집중하게 되는 시기는 엄마에게도 실력을 더 끌어올릴 수 있는 시기이다. 전시에 참여도 하고 공모전 작업도 하면서 출강하기 위한 자료들을 모으면 적극적으로 경력단절의 꼬리를 뗄 수 있는 시간이 생기게 된다. 이렇게 계획적으로 준비하고 있으면 사용할 수 있는 시간이 충분해지고 곧 실력이 빛날 시기가 오게 된다. 조급증은 멀리하고 느림과 친하게 지내라.

"지금 여러분은 미래를 알 수 없습니다. 다만 현재와 과거의 사건들만 연관시켜 볼 수 있을 뿐이죠. 그러므로 여러분은 현재의 순간이 미래에 어떤 식으로든지 연결된다는 걸 알아야만 합니다. 때로 세상이 당신을 속일지라도 결코 자신에 대한 믿음을 잃지 마십시오. 전 반드시 인생에서 해야할 만한 일이 있었기에 어려움이 있을 때마다 이겨낼 수 있다고 확신했습니다.

당신이 사랑하는 일을 찾아보세요. 사랑하는 사람이 당신에게 먼저 다가오지 않듯, 일 또한 그런 것이죠. 자신의 일을 위대하다고 자부할 수 있을 때는 사랑하는 일을 하고 있는 그 순간뿐입니다. 그리고 가장 중요한 것은 마음과 영감을 따르는 용기를 가지는 것입니다."

이 말은 스탠포드 대학교에서 스티브 잡스가 한 연설문 중 일부분이다. 미혼모의 아들로 태어나 입양이 되었고, 리드칼리지를 중퇴를 했다. 그는 학교에 붙어있는 포스터와 상표에 관심을 가지게 되었고, 청강을 했던 캘리그라피를 통해 그 누구도 상상하지 못했던 아름다운 서체, 캘리그라피를 애플의 메킨토시 컴퓨터에 집어넣었다. 하드웨어는 디지털이지만 소프트웨어는 아날로그적 감성을 가지게 된 애플이 만들어지게 된 것이다.

스티브 잡스는 자퇴를 하고 캘리그라피 수업을 듣지 않았다면 컴퓨터에 지금과 같은 아름다운 글씨체는 없었을 것이라고 말했다. 그 자신도 과거에 배웠던 캘리그라피를 미래에 사용하게 되리라고는 알 수 없었고, 10년이 지난 후에 알게 되었다고 했다. 미래는 알 수 없지만 과거와 현재의 사건들을 연관시켜 볼 수 있기 때문에 현재가 미래로 연결된다는 믿음의 존재 여부가 험난한 인생길에서 자신감을 줄 것이며 인생의 차이를 만들어낸다고 연설한 것이다.

당신의 미래를 걱정하면서 건네는 소리에 흔들리지 마라. 시집살이만 3년 귀 막고 입 막는 것이 아니다. 자신이 하고 싶은 일을 선택했다면 소귀에 경 읽기의 자세 또한 필요하다. 나 또한 지인의 걱정하는 소리를 많이 들었다. 주변의 소리에 귀를 잠시 접었더니 스스로에게 전하는 내면의 소리는 더욱 명확하게 들려왔고, 내가 하고 싶어하는 일에 더욱 집중할 수 있었다.

가끔 내가 캘리그라피를 하지 않았다면 어땠을까 생각해본다. 처음 캘리그라피를 만났던 2013년은 내 인생에서 가장 우울한 시기였다. 남편의 갑작스런 퇴사, 아이의 사춘기 그리고 나의 발목골절까지. 목발을 짚고 강의를 하러 가는 것이 많이 불편했지만 잠시나마 답답했던 곳을 벗어날 수 있는 유일한 외출이었다. 마치 끝이 안 보이는 어두운 긴 터널 속에 갇혀 있는 나에게 빛이 들어오는 작은 통로가 되어 준 것이 캘리그라피였다. 그렇게 먹향은 나를 위로했고 우울함을 몰아내 주었다. 서서히 숨 쉬는 것이 편해지고 요동치던 감정들이 균형을 찾아가게 되

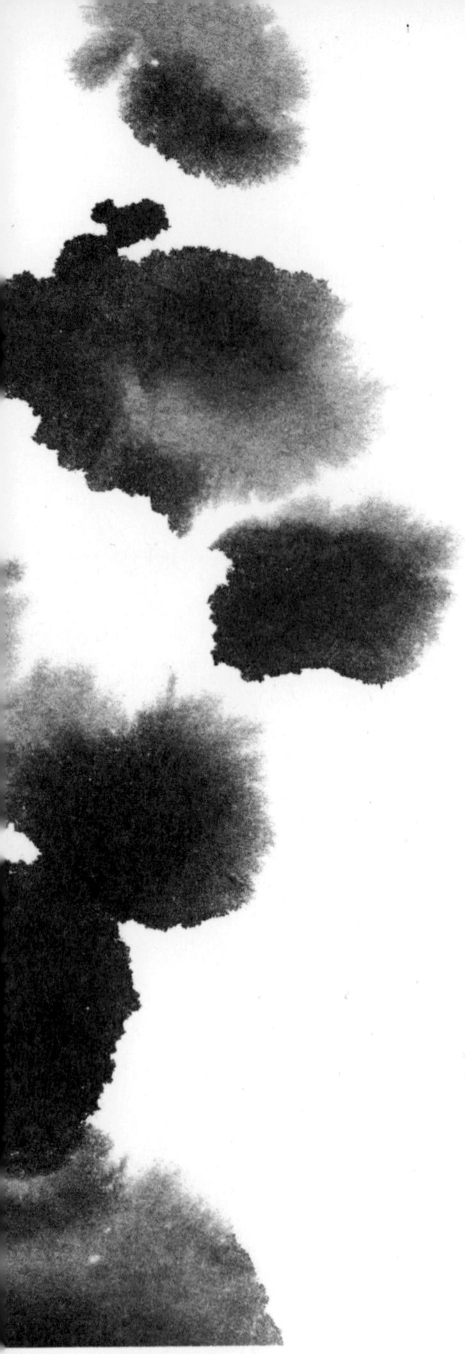

그대에게 보내는 한 줄

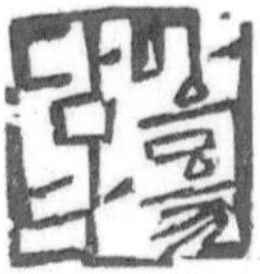

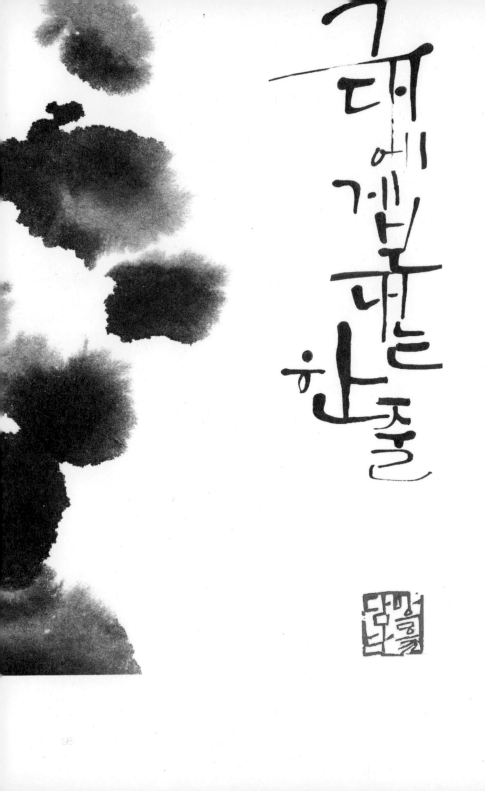

면서 캘리그라피로 새로운 도전을 꿈꾸게 되었던 것이다.

캘리그라피를 배울 때는 현실의 혼란스러운 상황을 회피하기 위해 열심히 붓을 잡았고, 붓을 잡는 시간에 비례해서 조금씩 늘어가는 캘리그라피에 대한 즐거움이 제1회 서울여성창업공예대전 공모전에 출품하도록 한 동력이 되었다. 그때는 4년 뒤 캘리그라피로 사업을 하게 될지도, 책을 쓰게 될지도 몰랐지만 그날들이 지금으로 연결되어 진행되어 왔다는 사실을 현재에서 매일 확인하고 있다. 경영학을 전공하고 은행원이었던 내가 전혀 상관 없는 캘리그라피로 작가와 강사가 되고 사업가가 되어 현재를 살아가는 것이 어떤 식으로든 연결되어 있다는 것을 알게 되었다. 과거와 현재의 엉뚱한 캐미가 10년 뒤에 어떻게 연결되어 나타날지 기대된다.

혹시 당신의 미래가 우울해 보이는가? 그건 지금의 당신이 우울하기 때문이다. 지금 당장 몸을 일으켜 찬란한 빛이 있는 곳으로 나갈 출구를 찾아라. 한 번에 찾아지는 출구는 없다. 출구를 찾고 있는 당신에게 꼭 전해주고 싶은 한 마디가 있다.

"나의 꿈을 친구가 허락하게 하지 마라"

당신의 꿈을 위해 실행하는 한걸음 한걸음마다 타인의 허락을 기다리지 말라는 말이다. 당신이 선택한 캘리그라피라는 화분을 정성들여 무럭무럭 키워라. 머지않아 진한 향기 나는 캘리그라피 작가로, 그리고 예쁜 빛깔의 캘리그라피 전문강사로 만개하게 될 것이다.

나는 누구보다 경력단절여성들의 간절함을 잘 알고 있다. 흔들림도 많았다. 하지만 끝까지 꼭 잡고 있던 것이 바로 붓이었다. 필筆을 놓치지 않고 있으니 어느 날 필feel 받는 순간이 왔다.

미래의 대한 불필요한 걱정을 포기하고 지금 당신이 잡은 붓으로 미래에 당신의 꼬리표가 될 이름을 써라. 여성의 섬세한 감성 캘리그라피를, 그리고 엄마의 따뜻한 소통의 캘리그라피를 세상에 내보이기를 간곡하게 청한다.

강약, 손으로 연주하는 캘리그라피

문장을 쓰게 되는 경우에는 같은 크기의 글씨로 써 내려가는 것보다는 글씨크기에 크고 작은 것으로 강약 조절하면 시선을 잡는 데도 효과적이다.

특히나 긴 문장을 읽기에는 지루할 수 있는데 강약으로 포인트를 주게되면 읽어가는 재미도 있다. 왈츠리듬처럼 강약중약을 캘리그라피작업에 벤치마킹하면 율동성이 보여서 전체적인 조형미를 살려준다

당신처럼 좋은 바람이 분다

당신처럼 좋은 바람이 분다

3장

인생에도 농도 조절이 필요하다

더챙하고
티칭하는

농묵, 중묵, 담묵_
우리네 삶과 같은 발묵 이야기

　폭염이 절정에 달했던 지난 여름, 거래은행 담당자로부터 전화가
왔다. 예금만기가 되었으니 내점을 하라고 했다. 그리고 위험분산을 위
해 자산이 한쪽으로 편중되지 않도록 적절한 포트폴리오를 제안해 주
었다. 넘치는 부분을 덜어서 부족한 부분을 채워주며 균형있게 운용하
라고 친절하게 알려주었다. 많은 예금이 있는 것도 아닌데 은행담당자
는 줄을 쳐가며 위험군, 중간군, 안전군을 설명하며 선택의 어려움을 해
결하는 데 도움을 주었다.

　인생에도 이런 시스템이 있으면 좋겠다는 생각이 든다. 자신을 살
피는 부분이 많이 부족하니 더 관심을 가지라고 알려주는 시스템 말이
다. 당신은 현재 문화활동이 절대적으로 부족한 위험군에 속하니 책이
나 영화, 미술관을 찾는 활동을 3일 늘려 심리적 안전군에 들어가라든

지, 현재 자녀들과의 관계가 위험군에 진입하려 하니 편지로 일주일에 한 번 소통하는 시간을 가지라고 안내해 주는 인생포트폴리오 서비스를 떠올리게 되었다. 이렇게 당신은 지금 심적 불안한 상태이니 안전한 곳으로 이동할 수 있는 근거를 제시해 주고 방법까지 알려준다면 보다 수월하게 움직이는 방향을 정할 수 있을 것 같다.

나는 캘리그라피 작업을 통해서 인생활동 포트폴리오를 위험군에서 안전군으로 이동하는 중에 있다. 그 이동경로 중에 만난 먹물이 내게 다양한 길을 제시한 경험을 소개하려고 한다.

먹물은 물을 어느 정도 넣느냐에 따라 농도가 달라져 진하고 연하기를 조절할 수 있다. 주로 삼묵법이라고 하는 이 발묵 효과는 캘리그라피 글씨를 진하게 쓰기 시작해서 조금씩 흐려지게 하는 효과를 준다. 먹으로 그리는 동양화나 수묵화에도 주로 사용되는 기법이다. 깨끗한 붓에 물을 적셔 붓끝에만 먹물을 묻히고 접시에 붓을 살짝 비비서 쓰게 되면 처음에는 진한 획으로 써지지만 갈수록 자연스럽게 흐려지는 그라데이션이 나타나게 된다.

반대로도 작업한다. 붓에 먹물을 충분히 적신 후 붓끝을 물에 헹구어 내면 흐린 획으로 시작해서 진한 획으로 마무리되는 발묵표현을 사용하기도 한다. 그래서 먹물의 농도는 발묵을 표현하는데 아주 중요하다. 먹물의 농도가 가장 진하게 표현되는 것을 농묵이라고 하고, 물을 조금 섞어서 중묵, 그리고 조금 더 흐리게 하는 것을 담묵이라고 하는데, 이 흐름은 아주 자연스럽고 매끄럽게 이어진다.

먹물을 사용하는데 무조건 진한 농묵이 좋은 것은 아니다. 그리고 꼭 발묵을 해야 하는 것도 아니다. 컨셉에 맞는 적절한 발묵으로 표현하는 것이 좋다. 검게만 보이는 먹물을 한참을 보고 있으면 감추어진 빛깔이 참으로 깊고도 곱다. 먹으로 작업하는 것을 즐기는 캘리그라퍼라면 이러한 먹색을 만드는 것에 관심이 많을 것이고 중요하게 생각할 것이다. 알 수 없는 사람의 깊은 마음 속 같은 먹색에는 알 수 없는 오묘한 매력이 있다. 그래서 검은색으로 보이는 단순함에 숨어 있는 표정들을 찾아보는 발묵의 즐거움을 누려보길 바란다.

먹물이 가지고 있는 농묵, 중묵, 담묵이 화선지 위에서만 나오는 것은 아니다. 우리가 살아가는 일상이라는 화선지에서도 번져 나오는 먹물을 보게 된다. 먹색이 가지는 여러 가지 표정을 보고 있으면 인생과 흡사하다는 생각을 하게 된다.

속이 비쳐 보이는 흐린 담묵에 아직 자신만의 색이 분명하지 않은 어린 아이 같은 투명하고 깨끗한 시간들이 투영되는 듯하다. 연한 먹색에 먹물 한 방울이 떨어지면 주변으로 퍼져나가는 모습은 작은 자극도 쉽게 흡수하고 쉽게 익힐 수 있는 인생의 가장 안전하고 편안한 시절이 아닐까? 언제든 변화무쌍한 색을 보여줄 수 있는 열려 있는 먹색이 담묵이라고 여겨진다. 먹물을 더 넣으면 조금 더 진한 먹색이 되고 주색을 넣으면 붉은색을 보여준다. 호기심 가득한 시절에 색 한 방울 떨어뜨려 원하는 색으로 바꿔볼 수 있는, 마치 인생의 유년시절을 담묵에서 보게 된다. 속을 감추지 않고 다 드러내는 담묵이 그래서 좋다. 먹색을 넣는 만큼 진하게 변할 수 있는 담묵은 변화의 가능성이 가장 크다고 할 수 있다.

담묵보다 조금 진한 먹색인 중묵, 농묵과 담묵 사이 중간 어디쯤에 있는 중묵은 인생의 긴 시간 속 중간 어디쯤에 있는 시절일 것이다. 어쩌면 내가 서성이고 있는 그 어디쯤일 수도 있겠다. 좌우로 치우치지 않고 중심을 잡아가는 먹색처럼 부모의 책임과 자식으로서의 책임을 성실이 해내려는 기운이 보이기도 한다. 사실 중심을 잡는다는 것은 결코 쉬운 일이 아니다. 요즘과 같이 불확실한 현실에서 흔들리지 않고 단단하게 자신을 지켜내는 듯한 중묵. 적당한 물로 농도를 조절해야 하는 중묵처럼 외부의 조건에 맞춰 자신을 어느 정도 희석시킬줄도 알며, 타인의 소리를 담으려 양보와 배려의 마음을 품고 살아가는 나와 당신의 모습이다.

야간반 수업에는 직장인들이 대부분이고 연령도 삼십대에서 오십대까지 다양하다. 그들이 업무를 마치고 캘리그라피를 배우러 오는 이유는 무엇일까? 사회와 인간관계 속의 무수한 약속의 이행이라는 책임감을 계속 유지하기 위해 생긴 얼킨 생각의 농도를 잠시 희석하는 시간이 필요하기 때문이리라. 먹물의 농도를 조절하기 위해 떨어뜨리는 몇 방울의 물처럼 생각의 농도를 조절해 주는 이 시간이 기우뚱거리는 마음의 중심을 회복시켜 주고 있다고 확신한다.

일산에서 마포까지 야간에 수업을 나오던 분을 잊을 수가 없다. 그분은 낮에는 팔십 세의 노모를 돌보며 말벗을 해드린다고 했다. 자녀를 돌보고 노모를 살피는 동안 자신을 살필 여력이 없어서인지 조금씩 몸이 아파오기 시작했다고 한다. 우연하게 캘리그라피를 알게 되고서는 가장 자유롭게 움직일 수 있는 저녁시간에 수업을 찾아 먼 길을 이동해 왔다. 마음의 위험군에서 안정군으로의 이동을 거리의 이동으로 실천하고 있는 중묵의 모습이 아니겠는가. 인생의 중묵의 모습을 제대로 보여주는 그분처럼 우리 인생의 중묵을 필요한 몇 방울의 물로 조절해 가며 표현해 보자.

마지막으로 진한 먹색인 농묵은 깊이를 알 수가 없다. 진중하다. 결코 가볍지 않은 농도 안에 지금까지 살아온 이야기가 담겨있을 것 같은 묵직함으로 다가온다. 어떠한 상처도 크게 남기지 않는 법을 알게 되고 일희일비 하지 않은 성숙함과 관용의 빛을 조용하게 보여주는 농묵. 인생의 노년의 모습으로 다가오는 것은 나만이 느끼는 것은 아니리라. 세월 속에서 단단한 마음근육이 생기게 되었고 그 근육으로 유연하게 자신을 다스리는 힘이 농묵 속에 녹아들어 있음이 보인다. 모든 허물을 덮고도 남을 만큼의 깊이를 농묵은 보여준다. 거친 인생을 살아낸 자만이 낼 수 있는 깊은 색이다.

나의 동영상 강의를 듣고 수업을 들으러 온 60대의 여성이 있었다. 특히 먹의 삼묵법이 잘 표현되지 않는다며 큰 물통을 놓고 열심히 연습하는 모습을 보여주었다. 안산에서 한 시간 반이나 되는 거리를 배우러 오는 그분의 열정은 함께 배우는 수강생들에게 용기부여가 되었다. 가까운 거리도 아닌데 멀리까지 와서 캘리그라피를 배우는 이유를 물었더니 다문화가정과 지역의 취약계층에 있는 지역주민들에게 재능기부를 하려 한다고 했다. 캘리그라피는 고단했던 인생에 쉼표가 되어 주었고 이웃과 나누고 싶은 따뜻한 연민의 마음으로 이어가게 하는 진한 울림의 소리를 내게 한 것이다. 머지않아 그분의 캘리그라피로 농묵의 진하고 묵직한 울림이 전해지리라 기대한다.

이러한 묵직한 울림을 전해준 또 다른 사연을 소개한다. 2년 전에 부산에 있는 한 대학생이 전화를 해왔다. 지도교수님의 퇴임을 준비하면서 기억에 남을 캘리그라피 액자를 선물하고 싶다고 했다. 그래서 교수님에게 전하는 21명의 감사 메시지를 4절 크기 액자로 제작하게 되었다. 각각의 메시지를 보니 교수님이 제자들에게 진한 애정을 담아서 지도하셨음을 알 수 있었다.

교수님, 제게는 스승님이기도 하셨지만 큰 아버님 같은 존재이셨습니다. 회진 때마다 보여주신 환자에 대한 교수님의 진지한 눈빛과 태도는 결코 잊지 않겠습니다. 복도에서 마주칠 때마다 해주셨던 이야기들대로 묵묵하게 실천하겠습니다. 감사하고 존경합니다.

한 길만 묵묵히 걸어온 교수님의 얼굴을 상상하면서 21명이 적어준 커다란 액자를 보며 교수님이 받을 감동을 떠올리게 되니 흐릿하게 쓸 수 없었다. 분명하고 뚝심있게 지도하였을 교수님의 진한 가르침과 제자들의 깊은 신뢰를 진한 농묵에 담아서 보내드렸다.

먹물의 농묵, 중묵, 담묵은 누구나 다 가지고 있다. 그 누구도 농묵만을 가지고 있지 않으며, 담묵만을 가지고 살지 않는다. 이렇게 먹물의 농담을 조절해 가며 사는 게 인생이다. 자신을 드러낼 때는 담묵처럼 투명하고 정직하게 드러내 보이고, 배움에 있어서도 잘 흡수할 수 있도록 담묵의 농도를 가져보자. 변신을 시도할 때도 담묵의 모습으로 도전해 보는 것이다.

　때로는 농묵으로, 가끔은 담묵으로, 그리고 그 사이에서 중심을 이어주는 중묵으로 인생의 굴곡 사이를 지나가며 필요한 먹색을 꺼내 적절하게 사용하고 있다. 해야 하는 일과 하고 싶은 일에서 무조건적인 자기희생을 강요하지도 말고 자신을 중심으로 위를 살피고 아래를 관리하는 중묵의 유연함을 닮아가도 좋다.

캘리그라피는 나에게 인생의 농담에도 자연스러운 이동이 필요하다는 것을 알게 해 주었다. 나는 '꽃길만을 걷자'라는 말을 좋아하지 않는다. 흙길만 계속되는 인생도 없고 꽃길만 가는 인생도 없다. 시련과 고난을 겪은 후에 생각이 깊어지고 행동에 신중함이 생기게 된다. 편안하고 안락하기만 했다면 얻지 못했을 성장과 성숙의 깊이를 가지지 못했을 것이다. 어려움을 만나게 되면 농묵처럼 요동치지 않고 묵묵하게 나가는 것이다. 모든 것을 가지고 성공한 사람보다 열악한 조건을 이겨내는 것에 우리는 감동한다.

오늘은 담묵으로 가을을 쓰기에 딱 좋은 날이다.

중봉_
당신이 인생의 중심이다.

얼마 전 예전 직장의 후배를 만났다. 그 후배는 아직 금융권에서 일하고 있지만 60세인 정년을 채우고 퇴직하는 사람은 거의 없다고 했다. 50세를 넘으면 소리 없는 퇴직이 권유되는 분위기여서, 싱글인 자신은 더 걱정이 된다고 했다. 가려운 등을 긁어줄 남편이 있는 것도 아니고 노후의 즐거움을 줄 자녀가 있는 것도 아닌데 남은 50년을 어떻게 살아가야 할지의 고민을 아주 무겁게 늘어놓았다.

100세를 살아가야 할 예비준비자인 내게 캘리그라피는 80세까지 현역으로 일할 수 있게 용기를 내도록 킵핑포인트keeping point가 되어주었다. 그 포인트의 방향을 잃지 않고 잘 나아가기 위해서는 힘의 균형을 잘 유지해야 하는데, 그 힘의 균형을 잡는 법 또한 캘리그라피 획에서 배워가고 있다.

획의 중심을 잡고 긋는 것을 '중봉'이라고 한다. 붓의 반 정도 털을 누르듯이 하여 획이 가운데로 지나가게 그어주는 것이다. 한쪽으로 쏠리지 않게, 마치 모델이 중심을 잡고 무대 위를 흔들림 없이 워킹하는 것을 떠올리면 이해하기 쉬울 것이다. 한 획을 긋는 캘리그라피의 가장 기본이 되는 획으로, 처음 배움을 시작할 때 많은 연습을 하도록 강조한다. 좌우로 치우치지 않게 중심을 유지하며 획을 긋는 중봉은 캘리그라피의 중심 운필법이다.

한 획에 허한 공간이 없이 꽉 채운 획, 흔들림 없이 일정한 힘을 주어서 긋는 중봉으로 캘리그라피를 쓰게 되면 좌우 대칭과 일정한 굵기의 판본체를 연습할 때에도 많은 도움이 된다. 훈민정음처럼 정사각형 크기로 반듯하게 획을 그어서 좌우 대칭을 이루며 획의 굵기도 일정하게 쓴 서체를 판본체라고 하는데, 기초수업을 배우는 사람들에게 연습이 많이 요구되는 서체이다.

며칠 전에 대구에 사는 분이 나의 동영상 강의를 보고 혼자서 연습하다가 중봉이 잘 되지 않는다면서 문자를 보내왔다. 붓이 안 좋아서 그런지 중봉이 잘 안되다 보니 판본체도 힘들다는 내용이었다. 중봉은 얼핏 보면 훅하고 획을 긋는 것처럼 보이지만, 다음 획을 위해서 붓 끝에 집중하며, 획을 진행하는 동안에도 힘을 일정하게 유지하는 것이 필요한 작업이다. 붓끝이 정리되어 있지 않으면 지저분한 획이 나오거나 흔들리는 획이 나오는 것은 당연하다. 획이 불안정하게 그어진다면 획을 흔들리게 하는 원인을 찾아야 한다. 붓 잡는 법에 문제가 있다면 붓을 고쳐 잡아야 하고, 팔을 움직이는 데 문제가 있다면 팔을 화선지에서 떨어뜨려서 그어보기도 해야 한다. 지금 흔들리는 획 때문에 붓을 내려놓지 말고 흔들리게 하는 원인을 찾는 것이 중요하다. 그러면 머지않아 중심 잡힌 단단한 중봉으로 자신이 원하는 방향으로 긋게 될 것이고, 균형 있는 캘리그라피로 무대의 중심을 걸어갈 수 있을 것이다.

운동을 하게 되면 몸의 중심을 잘 잡아야 한다. 힘의 배분을 잘 해야 균형을 이룰 수 있고 균형감을 익히면 실력도 상승한다. 스키를 처음 배울 때 슬로프 아래에서 연습을 하고 나면 슬로프 위를 걸어서 올라간다. 무거운 스키를 메고 올라간 뒤 균형감을 익히며 넘어지지 않고 내려오는 연습을 수차례 하고 리프트를 타고 코스를 올라가게 된다. 초급을 몇 번 내려오면 중급코스가 궁금해지게 되는데, 어설프게 아는 것이 가장 위험할 때가 이 경우이다. 리프트를 타고 중급으로 올라가 아래를 내려다보니 가파르기가 초급과는 비교도 안 되는 것에 바로 겁을 먹게 된다. 그렇다고 걸어서 내려올 수도 없다. 어찌해야 할까? 이때에 드는 생각은 무사히 내려가는 것뿐일 것이다. 넘어지지 않고 다치지 않기를 '무사히' 라는 단어에 기대어 내려오는 것이다. 그 누구의 시선도 나의 안전한 활주보다 중요하지 않다. 배운 대로 몸의 중심과 다리의 구부림에 적절한 탄력의 힘으로 무사히 내려올 수 있다.

내가 캘리그라피를 배우기로 마음먹고 나간 첫 수업시간, 마치고 돌아 나오는 강의실 계단에 걸려 넘어져 발목이 부러지지 않았다면 그냥 대충 캘리그라피를 배웠을지 모른다. 캘리그라피가 쉽게 다가와 주었다면 쉽게 포기했을지도 모른다. 발목 골절로 잠시 중단된 그 시간이 더 간절하게 배우고 싶게 만들었고 발목이 회복되는 시간 동안 캘리그라피에 대한 생각이 점점 무게를 더해 끝까지 가보고 싶은 중심생각을 만들어 주었다. 그때의 작은 씨앗이 중심이 되어 자라면서 가지를 뻗어가게 했고, 튼튼한 뿌리를 만들어 준 획이 바로 중봉이다.

무언가를 배우는 데 있어 걸림돌은 시간, 돈, 능력 등이 있을 수 있다. 대부분은 그 신호를 포기의 신호로 받아들이는데, 그럼에도 불구하고 도전하려는 의지를 테스트하는 시그널로 받아들이면 좋겠다. 몸의 중심을 잡듯 마음에도 중심을 잡으라고 보내는 시그널임을 기억하라.

"여기에 너 있다"

많은 여심들의 마음에 심쿵바람을 불어넣었던 드라마 대사처럼 길을 잃어도 찾을 수 있고, 중급코스 슬로프에서도 무사히 내려올 수 있는 당신만의 코어를 심장에 새겨두어라. 그것이 캘리그라피어도 좋고 그림이나 음악, 그리고 당신이 하고 싶은 그 어떤 것이어도 괜찮다.

내 중심에 캘리그라피가 들어오면서 한 번도 꾸지 않았던 꿈을 가지게 되었다. 지인의 부정적인 신호에도 불구하고 실행 가능한 비전을 향해 한 단계씩 완성해 가고 있는 중이다. 캘리그라피를 처음 시작하면서 가진 작은 목표는 전시 참가였다. 전시를 위해 열심히 배웠고 부지런히 연습했으며 수없이 중봉을 그어댔다. 처음부터 큰 성공을 마음에 두면 한 번의 실패로 무너지기 쉽기 때문에 작은 목표들로 줄을 세웠다.

작은 목표들에 번호를 매기고 하나씩 천천히 실행해 나가다 보니 작은 목표가 성취되면서 나만의 성공이야기가 되었고, 그 이야기는 내게 어울리는 자신감의 옷을 입혀주었다.

캘리그라피로 나갔던 여성창업공예대전에서 받은 장려상이 새로운 꿈의 시작이 되었고, 다시 도전한 KT희망여성창업공모전의 우수상이 그 꿈을 현실적으로 고민하게 하는 중심이 되었다. 그리고 열정적인 부지런함으로 나의 비전이 굴러가도록 밀고 가는 중이다. 창업을 준비

당신에게
첫눈 에
반했어요
이천십오년 오월에
정흥쓰다

하면서 생애 처음 블로그를 하게 되었고, 100일 동안 매일 여성창업관련 내용을 포스팅을 하면서 나의 중심생각이 변하지 않고 지속하도록 노력했다. 도움이 될 강의를 들으면서 성장의 중심 골격을 만들어 가고 있다. 이러한 작은 실행과 소박한 결과물들이 나와 같은 경력단절의 시간을 지나가고 있는 이들에게 선한 영향을 주기 바라는 마음도 함께 담아서 말이다.

그대의 마음이 있는 곳에
그대의 보물이 있다는 사실을 잊지 말게나.
아무도 자기 마음으로부터 멀리 달아날 수 없다.
그러니 마음의 소리에 귀담아 듣는 편이 낫다.

파울로 코엘료의 《연금술사》에 나오는 한 구절이다. 납을 금으로 만드는 작업을 연금술이라고 한다. 각각의 물질의 중심이 되는 코어, 본질의 정령으로 금으로 변화시키는 연금술은 내 안에 있는 가장 본질적인 꿈, 이상, 원하는 모습을 이루기 위한 과정과 흡사하다. 아이를 키우고 가족을 챙겨야 하는 바쁜 일상 속에서 묻어두었던 보물을 잊고 지내온 나를 내 중심에 꽂아놓을 때가 온다. 나의 보물은 자녀도 남편도 아닌 내안 어딘가에서 간곡하게 찾아주기를 기다리고 있을 테니까, 마음에서 소리치는 보물의 신호를 절대로 놓치지 말기를 부탁한다.

작은 목표들을 이루면서 스스로가 연금술사가 되어 가고 있음을 느끼게 될 것이다. 아무런 재능이 없다고 관심을 가지지 않았던 숨겨진

보물의 외침에 귀를 기울이고 몸을 움직이자. 천천히 가도 괜찮다. 당신이 가고자 하는 방향을 향해 중심을 잃지 않고 걸어가면 된다. 곧 당신은 스스로를 변화시키는 연금술사이자 세상의 무대에 각본, 감독, 주연까지 다 담당할 수 있는 프로 제작자가 되어 있을 테니까.

2015년이 끝나가는 겨울에 한 통의 전화를 받았다. 내 블로그를 보고 온라인 강의를 전문으로 하는 업체에서 캘리그라피 동영상강의 촬영 의뢰를 받게 된 것이다. 잘 알지 못하는 블로그 포스팅을 하느라 포기하고 싶을 때도 있었지만 내가 할 수 있는 작은 목표를 이루고자 시작했던 블로그를 보고 연락이 온 것이다. 작은 목표가 이뤄지면서 또 다른 기회를 가져다 준 셈이다.

"인생에는 믿어야 할 무언가가 있어야 합니다. 그리고 인생이 끝날 때까지 그 신념으로 자신을 지탱할 수 있을 만큼 열렬히 그것을 믿어야 합니다." -마틴 루터 킹

먹향_
갈고 또 갈아야 그제야 풍기는 그윽함

　여자가 셋인 집의 아침은 샴푸향으로 가득하다. 아침밥은 먹지 않아도 샴푸할 시간은 반드시 확보하고 아침을 시작한다. 게다가 요즘 청소년들은 향수 사용도 꽤나 자연스럽다. 비누향이나 로션향이 전부이었던 예전의 모습과는 사뭇 다른 향을 풍기며 등교를 한다. 내가 처음 받은 향수는 성년식의 선물로 받았던, 꾸준히 인기 있는 넘버5가 찍힌 향수. 향수는 매력적인 향기로 다른 이들에게 좋은 기억을 남기기를 바란다는 의미로 선물한다고 한다. 향은 나로부터 시작해서 주변으로 퍼져 나가는 효과가 있고, 향으로 사람을 기억하기도 한다.
　후각은 뇌로 전달될 때 시상이라는 중간 과정을 거치지 않고 전달될 뿐 아니라 감정과 기억을 담당하는 뇌로도 전해지는데, 향은 감정과 기억에 직접적인 영향을 미친다고 한다. 향을 통해 기억을 찾는 '프루

스트 현상'은 광고에서도 종종 볼 수 있다. 길을 걷다가 뒤돌아보게 만드는 향기는 내가 아는 사람의 향기로 기억하고 있기 때문이다. '낯선 남자에게서 내 남자의 향기가 난다'라고 했던 광고 문구처럼 말이다.

코로 맡는 것을 두 가지로 나눌 수 있는데, 냄새와 향기다. 샴푸 후에 흔들리는 머리칼에서 풍기는 것은 '냄새'가 아닌 '향기'라고 한다. 그에 반해 '발냄새'는 '발향기'라고 하지 않는다. 향은 주로 산뜻하고 깨끗한 긍정의 의미를 포함하고 있는 경우가 많다. 그럼 먹은 어떨까? '먹냄새'라는 표현보다는 '먹향'이 더 익숙하게 다가온다면 이 역시 긍정의 좋은 향으로 기억되기 때문일 것이다. 먹은 만들 때 좋지 않은 아교냄새를 없애기 위해 사향이나 녹나무 등에서 얻어지는 좋은 향을 가미하는데, 먹의 좋은 향은 이 때문일 것이다.

당신은 먹향이 기억나는가? 한 번이라도 먹향을 맡아보았다면 오랜 시간이 지나도 분명하게 기억할 것이다. 순간 학창시절 미술시간에 맡았던 그 향이 확 떠올려질 것이다. 내 작업실을 방문하는 사람들이 문을 열면서 하는 첫 마디는 주로 이렇다.

"어머 먹향, 너무 좋아요."

"먹향 오랜만에 맡아보네요."

먹이 주는 가볍지 않은 향, 무게감과 깊이가 있는 먹향이 발향하기 위해서는 벼루에 가는 시간이 요구된다. 먹을 가는 동안 벼루는 자신을 고스란히 내어주어야 하고, 그 시간을 인내해야 진한 먹물과 함께 공간 가득 먹향을 채울 수 있다.

먹향은 언제 나는 걸까? 사실 먹향을 내기 위해 먹을 가는 것은 아니다. 글씨를 쓰기 위해서 먹을 가는 것이다. 즉, 먹을 가는 첫째 이유는 깊이 있는 먹색의 캘리그라피를 쓰기 위함이다. 몇 시간, 며칠 동안 갈고 또 가는 인내의 시간이 쌓이면 먹물은 쌓이고, 먹향은 그 과정에서 얻어지는 덤인 셈이다. 마치 책에 달려오는 별책부록처럼.

캘리그라피에 마음을 무장해제 시킬 향이 보이려면 꾸준한 연습을 통한 인내의 시간에 인색하지 말아야 한다. 도달하고 싶은 곳을 향한 열정만 품는다고 목표가 완성되지는 않는다. 현실에서 열정의 온도를 지속시키기 위해서는 머리가 아닌 손이 움직여야 한다.

일본의 뛰어난 미술가 가쓰시카 호쿠사이는 친한 친구에게서 수탉을 그려달라는 부탁을 받았다. 수탉을 그려본 적이 없는 호쿠사이는 한 달이 지나고 6개월, 1년 그렇게 3년이 지나도 그리지 못했다. 부탁한 수탉을 받지 못한 친구는 더는 못 기다리겠다며 화를 내기 시작했다. 그 모습을 본 호쿠사이는 종이를 가지고 와서는 순식간에 수탉을 그렸는데, 얼마나 생생하게 그렸는데 마치 살아있는 모습을 보는 것과 같았다. 그러자 친구는 이렇게 잘 그려줄 것을 3년씩이나 기다리게 했냐고 묻자 그는 친구에게 자신의 작업실을 보여주었고, 호쿠사이의 작업실에서 그 이유를 보게 되었다. 지난 3년간 그려댄 수천 장의 수탉 그림이 작업실 안을 다 채우고 있었다.

수탉이 살아 있게 표현되고 글씨에서 향기가 나기 위해서는 무엇이 필요한 걸까? 작년 딸아이의 시험 감독을 나갔던 교실에는 '향기로운 사람이 되자' 라는 급훈이 쓰여 있었다. 어떻게 하면 향기로운 사람이 될 수 있을까.

발레리나 강수진의 발은 사람이 어떻게 하면 향기를 낼 수 있는지를 느끼게 해준다. 최고의 공연을 위해 하루도 빠지지 않고 자신을 갈고 또 가는 치열한 연습, 열정을 끈기로 완성해나가는 투지는 그녀에게서 향기를 퍼져나가게 했다.

나는 캘리그라피로 사업을 한 지난 3년 동안 끊임없이 이곳저곳의 문을 두드렸다. 장년창업센터, 서울산업진흥원, 특허청, 지식재산산업센터, 중소기업유통센터, 한국공예디자인문화진흥원 등 찾을 수 있는 곳은 다 찾았다. 모든 문들이 열려 있는 것은 아니었고 실패도 경험했다. 실패는 문제점을 살피는 기회로 삼을 수 있었고, 다른 대안의 길을 고민하는 시간으로 훈련시켜 주기도 했다. 부족한 시간에 틈을 만들어 하고 있는 일을 더 발전시키기 위한 노력도 꾸준히 해야 했다. 디자인 비즈니스 교육과 문화예술콘텐츠 전문기획자 양성과정도 내가 할 수 있는 노력의 일부분이었다.

얼마전 〈헤이데이〉라고 하는 잡지사의 인터뷰 요청이 있었다. 경력단절여성에서 손글씨로 두 번째 인생을 새롭게 펼쳐가는 이야기를 싣고 싶다는 것이었다. 세상이 나의 이야기를 궁금해 하다니. 나이 오십에 맞이한 전성기를 다른 경단녀들과 함께 펼치고 싶다는 말을 인터뷰 말미에 더했다.

향기가 가장 매력적으로 발향되는 때가 있다. 바로 더불어 나누고 함께 공유할 때이다. 막힌 공간의 향기는 머리를 아프게만 할 뿐이다. 자신의 향기가 퍼져나가도록 공간을 열어놓는다면 긍정의 향기가 움츠린 마음을 일으켜 세울 수 있다. 자신을 치열하게 사랑하는 모습에서, 치열하게 연습한 캘리그라피에서 향기가 퍼져나간다.

재능이 부족한 내가 할 수 있는 가장 지혜로운 선택은 부지런한 노력이었다. 그 노력으로 이웃을 위로하고, 마음으로 전달되는 감동의 향기를 전하고 싶다.

자신을 먼저 회복하고 누군가에게도 치유의 긍정에너지를 발향하는 캘리그라퍼. 오늘, 붓을 든 당신은 마음속에서 피어나는 감성을 만나게 될 것이다. 그 1획을 시작으로 무미건조한 일상은 당신만의 향기로 그윽하게 채워질 것이다. 마음에서 번져 손끝을 지나 붓끝에서 피어나는 당신만의 향기가 기다려진다.

회봉_ 다시 시작을 준비하다

　우리는 살아가는 동안 여러 번의 입학과 졸업을 경험하게 된다. 그래서 졸업은 또 다른 시작이기도 하다. 나는 졸업을 하나의 매듭을 짓는 일로 여긴다. 가는 줄로 묶는 매듭이 있고 굵은 줄로 묶는 매듭도 있다. 단단하게 묶는 매듭과 느슨하게 묶는 매듭, 때로는 거칠게 여러 번 동여매는 매듭까지, 매듭은 묶는 이의 의도에 따라 달라진다.

　매듭을 배워 본 적이 있다. 그래서 매듭을 잘 맺는 것이 어렵다는 것 역시 잘 알고 있다. '꼰세사'라고 하는 매듭실로 연봉매듭, 도래매듭을 힘껏 잡아당기며 짓다보면 엄지와 검지가 다음날까지 찌릿하다. 그런데 인생사에 맺게 되는 매듭은 더 쉽지가 않다.

　나 역시 여러 번의 인생 매듭을 묶었다. 잘 묶일 때도 있었고, 의도와 달리 시원찮은 매듭도 있었다. 매듭을 짓는 것은 끝이 아니다. 매듭의 마무리는 새로운 매듭을 위한 시작으로 이어진다. 그렇기 때문에 더욱 잘 맺도록 해야 한다. 이런 매듭이 캘리그라피에도 있는데, 그것이 바로 '회봉'이다. 서예에서 붓끝을 '봉'이라고 한다. 즉 '회봉廻鋒'은 되돌아오는 붓끝이다. 획을 마무리 할 때 붓끝이 획의 살짝 안쪽으로 되돌아와서 끝내는 것을 말한다.

한 획을 긋고 나면 붓끝은 처음 시작했던 날렵한 모습에서 벗어나 붓끝이 퍼지게 된다. 그래서 회봉을 하지 않을 경우 붓끝이 누워있게 되고, 다음 획으로 이어 그을 때 선이 자연스럽게 이어지기 어려운 경우가 생긴다. 그런데 한 획의 끝에서 방향을 돌려 회봉을 하게 되면 붓끝이 다시 똑바로 세워져서 처음의 붓 모양새로 되돌아 오는데, 이것이 회봉이다. 그런 다음 다음 획을 그으면 매끄럽게 이어질 수 있기 때문에 붓을 다루데 중요한 방법이다. 회봉을 하지 않고 다음 획으로 연결하게 되면 획이 지저분해지고 붓에 먹물도 남지 않게 되어 거친 획이 나오기 쉽다. 획의 끝마무리를 잘 해야 다음 획으로 부드럽게 연결할 수 있음을 기억하기 바란다.

처음 캘리그라피를 쓰는 사람의 글씨에 끝이 뾰족한 획이 자주 보이는 이유는 회봉을 하지 않기 때문이다. 물론 글의 느낌상 날렵한 획이 필요할 때도 있다. 그러한 의도가 없는데 획끝이 날카롭다면 회봉을 해보길 바란다. 훨씬 부드러운 획을 쓸 수 있을 것이다. 캘리그라피에서 획의 마무리는 다음 획을 위한 준비가 되기도 하기 때문에 충분한 연습을 통해 자유롭게 붓을 다루도록 해야 한다.

회봉을 세상을 살아가는데 적용해 보면 어떨까? 배우 조달환은 자신의 난독증을 극복하기 위해 캘리그라피를 배웠다고 한다. 난독증은 듣고 말하는 데에는 어려움이 없지만 글자를 읽거나 쓰는데 어려움이 있는 증세를 말한다. 대사를 외워야 하는 배우가 대본을 제대로 이해하지 못한 채 대본연습을 한 것이다. 배우에게 이것은 치명적인 단점이기 때문에 이를 극복하기 위해 시작한 캘리그라피로 집중력을 기르고 난독증을 이겨내는 데 도움이 되었다고 한다. 이러한 노력으로 캘리그라피 작가로도 멋진 활동을 하고 있다.

이처럼 자신에게 부족한 부분을 외면하지 않고 적극적으로 회복하려는 방향으로 생각을 돌리니 숨겨진 재능을 발견하게 된 것이다. 캘리그라피는 그에게 난독증으로 힘들었던 배우생활의 회복뿐 아니라 캘리그라피 작가로서의 새로운 출발을 가능케 했다.

나는 경력단절로 인해 사회에 다시 나갈 수 있을까를 고민한 적이 있었다. 재진입의 고민은 캘리그라피를 쓰고 나서 조금씩 실마리가 풀려가기 시작했다. 내가 출산과 육아로 단절된 경력을 마지막으로 매듭을 마무리 했다면 아마 그 마지막 매듭을 보며 후회의 날을 보내고 있을지도 모른다. 그러나 경력단절을 벗어나기 위한 간절함과 결핍은 다시 시작하기 위한 회봉이 되어주었다.

'한 번의 젊음, 어떻게 살 것인가?'라는 문구를 부채에 적어달라는 주문을 받은 적이 있다. 젊음의 시절을 지나 지금까지 나에게 했던 질문이기도 했기에 작업하면서 스스로에게 물었다. 인생, 어떻게 살 것인가를.

제2의 빌게이츠를 꿈꾸는 중국인 지아 장은 미국에서 컴퓨터공학을 전공하고 잘 나가는 기업의 중간 간부가 되었다. 어느 날 직장 상사의 "지아장, 만약 당신이 이 일을 하지 않았다면 지금쯤 무슨 일을 하고 있을까?"라는 질문에 예전부터 꿈꾸었던 창업에 도전하게 된다. 만삭의 아내의 격려로 6개월의 기한을 정하고 사표를 냈고 3개월 만에 꿈꾸던 앱을 완성했다. 그가 보냈던 무수한 투자제안서에 되돌아온 투자자들의 거절은 점점 그를 불안하게 했다. 그는 남은 3개월을 〈100일 거절 프로젝트〉를 실행하기로 했다. 모르는 사람에게 100달러 빌리기, 햄버거 가게에서 콜라 리필이 아닌 햄버거 리필하기 등 스스로 무수한 거절을 몸으로 감당하는 근력을 키웠다. 그랬더니 어느 순간 거절의 두려움

은 사라지게 되었고, 사람들은 그의 황당한 제안을 들어주기 시작했다고 한다.

어느 순간 자신의 꿈을 이루기 위한 과정 속에 반드시 숨어 있는 거절과 탈락의 경험은 새로운 시작을 위한 회봉과 같은 준비단계라 여기게 되었다. 되돌아오는 거절은 실패가 아니라 질퍽거리는 땅에서도 발이 빠지지 않고 제대로 걸을 수 있는 근육을 만드는 보조제가 되어 주었다. 수많은 거절은 처음에는 놓쳤던 부분을 보완할 수 있는 기회가 되고 연약한 실력을 튼실하게 만드는 처방전이 된다.

흔히 어떤 분야에 한 획을 긋는다는 표현을 한다. 특정 분야에서 한 획을 긋기 위해서 무수한 시행착오와 거절을 딛고서 다시 자신을 되돌려 세웠기 때문에 그을 수 있는 한 획임을 잊지 마라. 내 남은 인생의 회봉이 되어준 캘리그라피. 나 또한 캘리그라피로 인생에 한 획을 제대로 그을 준비를 하고 있다.

여기 또 다른 분야에서 한 획을 긋고 있는 배우가 있다. 고통의 끝을 멋진 시작으로 바꾼 남자. 10년이 넘는 무명시절을 보내면서 배우의 꿈을 포기하지 않은 중년의 배우는 "당신은 너무 평범해요.", "인상이 흐리고 밋밋해요."라는 말들을 들으며 800번의 오디션에 떨어졌다. 설상가상으로 뇌종양 판정을 받고 한쪽 청력을 잃게 되었으며, 안면마비까지 오는 참담한 시련 속에서 결코 주저앉지 않고 끝까지 자신의 목표를 향해 돌진했던 이 남자는 영화 〈비긴 어게인〉의 남자주인공 마크 러팔로이다. 그는 죽음에 가까운 질병의 고통으로 자신의 인생이 끝나지 않게 하기 위해 더욱 강한 열정으로 기어이 돌아와 새로운 자신의 자리를 찾았다. 10년 동안 시련의 과정을 버티고 800번의 탈락에도 굴복하지 않던 그에게 거절은 버림받음이 아니었다. 그를 더욱 강하게 단련시키는 자극제가 되어 헐크로, 그리고 〈비긴 어게인〉의 다시 일어서는 음반제작사 댄이 되어 돌아오게 했다.

부정적인 결과를 예상하고 일을 준비하는 사람은 없다. 우리의 삶 속에서 만나게 되는 부정의 기운들을 긍정의 기운으로 되돌리는 회봉의 붓 역시 당신이 잡고 있음을 잊지 마라. 지금 당신이 긋는 회봉이 어설프고 조금 느리긴 해도 목적지를 향해 나갈 수 있게 밝혀주는 전조등이 되어줄 것이다. 이제 집으로 돌아가는 당신의 길을 비춰주는 가로등이 어제와는 다를 것이다.

전각_
1.5cm에 담긴 우주

10년 전 개명 바람을 불러일으킨 드라마 〈내 이름은 김삼순〉. 이름이 촌스러워 개명을 하고 싶어하는 파티쉐와 그녀의 가명과 같은 이름을 가졌던 전 여친을 잊지 못하는 사장과의 알콩달콩 로맨틱코메디. 이 드라마 때문에 이름에 불만스러웠던 사람들의 개명신청이 이어지기도 했었다.

사람들이 자신의 이름을 얼마나 좋아하는지 궁금해졌다. 우선 나는 내 이름이 맘에 들지 않았다. 윤희, 세란, 혜영처럼 여성스러운 이름을 가진 친구들은 얼굴도 예뻤다. 그래서 중성적이고 남성적인 느낌마저 드는 내 이름 대신 사랑스럽고 귀여운 이름의 친구들을 부러워하기도 했었다

얼마 전 수제도장에 대해 기업워크샵 강의를 진행하면서 자기 이

름의 선호도를 물었더니 50명 중 10명 남짓이 자신의 이름이 맘에 들지 않다고 했고, 나머지는 좋지도 싫지도 않고 이름에 대해 크게 생각해 본 적이 없다고 대답했다. 맘에 든다고 하는 사람이 그다지 많지 않았다. 첫인상과 함께 소개되는 이름은 상대방에게 자신의 대표성을 띠게 되기 때문에 중요한데 말이다.

내가 이름에 대한 관심을 가지기 시작한 것은 전각을 배우고 수제 도장을 새기면서부터였다. '전각篆刻'이란 나무, 돌, 금속 따위에 인장을 새기는 것을 말한다. 새기는 글자가 한자5체(전서, 예서, 해서, 행서, 초서) 중 전서체로 새기기 때문에 '전각'이라고 불리게 되었다. 전각은 문자뿐 아니라 인물이나 문양 등을 폭넓게 새김을 할 수 있어 하나의 예술로 볼 수도 있다.

전각의 역사를 살펴보면 석기시대 질그릇에 찍었던 문양에서부터 도장의 시작이라고 보는 견해도 있지만 문명의 발생지를 기준으로 자생적으로 생겨났다고 보는 주장도 많다. 중국 춘추전국시대 나라를 다스리고 상업의 발달로 화폐와 도장은 경제활동의 중요한 통용수단으로 여겨졌다. 그래서 도장은 소유의 표시로 사용되어 왔고, 한나라에 들어서 관직의 높낮이에 따라 구별하여 신분을 확인하는 용도로 사용되기도 했다. 명나라 때는 서화와 함께 감상하는 대상이 되기도 하였으며, 원나라는 글씨와 그림을 그리는 작가가 직접 돌에 인장을 새기게 되었고, 청나라에 와서 예술적으로 더 풍부해졌다. 서예전공자들 중에는 전각을 중점적으로 작업하는 작가들도 많다.

최근에 캘리그라피가 유행을 하면서 서예를 기반으로 캘리그라피를 배운 작가들이 서화에 찍어 소유자를 표시했던 낙관처럼 사용하기도 한다. 낙관은 글씨나 그림을 완성한 뒤 작품에 자신의 이름, 그린 날짜 등을 적어 놓고 도장을 찍는 행위를 말하며 자필의 증거와 작품완성의 의미를 지닌다.

캘리그라피 작품에 도장을 찍어 자신의 작품임을 표시함과 동시에 먹과 대비되는 전각의 붉은색을 작품의 한 부분으로 표현하기도 한다. 검정 먹과 붉은색의 전각은 큰 대비의 간격만큼 무척 잘 어울린다. 캘리그라피의 문구와 관계 있는 문구를 새기기도 하고, 작품의 주제를 강조하기 위한 중심이 되기도 한다. 상품의 포장 패키지를 살펴보면 네모

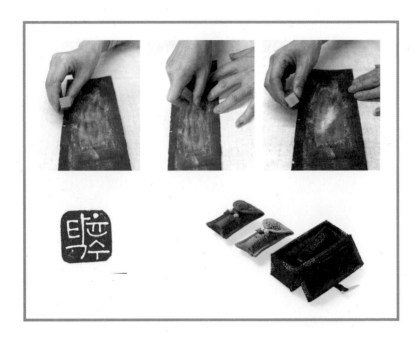

난 전각에 이미지를 작게 넣고 상품명을 크게 부각시키는 캘리그라피는 흔한 디자인이기도 하다.

칼로 새김을 하는 방법에는 음각과 양각이 있다. 음각은 글씨를 파내는 것으로, 도장을 찍으면 이름의 여백에 붉은색이 찍히고 파여진 글씨 부분은 희게 보인다고 해서 '백문'이라고도 한다. 이와 반대로 양각은 글씨만 남기고 나머지 면을 다 파내는 것으로, 도장을 찍으면 글씨만 붉게 보인다고 해서 '주문'이라고도 한다.

이런 예술적인 전각과는 조금 다르게 생활 속으로 들어온 새김이 있는데, 바로 수제도장이다. 칼의 운용법과 공간 배치에 따라 그리고 돌의 깨짐을 고민하며 예술성이 중심이 되는 전각과는 달리 수제도장은 생활소품의 한 부분으로 정해진 공간 안에 이름이 가지는 공간배분의 조화와 균형미를 잘 살려서 아기자기하게 새긴다. 요즘은 생활전각에 관심을 가진 사람들이 늘고 있고, 의미 있는 날을 기념하기 위한 인장을 새겨주는 전문작가들도 많아졌다.

캘리그라피가 붓으로 쓴다면, 전각은 칼이 붓이 되는 것이니 새김을 하는 칼을 '철필鐵筆'이라고도 부르기도 한다. 단단한 돌에 새기는 작업이 생각만큼 만만치 않기 때문에 더 집중이 필요하다.

보통 수제도장은 1.5cm의 정사각형의 돌이 주를 이룬다. 1.5cm 돌에 새기게 되는 인생의 특별한 기록은 결코 변치 않으리라는 믿음에서 출발한다. 결혼을 준비하는 동생부부에게 줄 수제도장세트를 의뢰 받았던 적이 있다. 의뢰인은 새롭게 출발하는 부부가 앞으로 어떤 시련 속에서도 변치 않고 단단하게 잘 살아주기를 바라는 마음을 담고 싶어했다. 주문자인 누나는 세심하게 고민하고 나와 상의를 해가며 진행했다. 새김을 양각으로 할 것인지 음각으로 할 것인지, 도장 측면에는 어떤 그림을 넣어야 할지, 그리고 반대쪽에 어떤 문구가 좋을지의 다양한 의견들을 주고받았다. 선물 그 이상의 축복을 전하고 싶어하는 각별한 누나의 마음에는 부모를 일찍 여읜 동생에 대한 엄마와 같은 애정이 담겨 있었다. 그래서 1.5cm안에 더 많은 축복을 담으려는 누나의 마음과 그 마음을 고스란히 새겨주고 싶은 나의 정성이 합쳐진 공동작품의 도장세트가 배달되었다.

작은 돌에 새기지만 결코 작지 않은 3음절의 이름을 입으로 되새기며 손으로 그 이름에 완전히 몰입하다 보면 부모가 축복을 담아 지어준 이름을 감사하게 여기지 않을 수 없다. 살아가는 동안 수만 번을 들었을 이름에 안 이쁜 이름이 없고 사랑스럽지 않은 이름이 없음을 배워가고 있다.

처음에 너무 작은 공간이라 여겨 왼손 검지에 칼의 흔적이 적지 않았는데 이제는 1.5cm가 결코 작지 않은 공간이 되었다. 인생이 소중한 순간을 기억하게 하는 이 공간에 마음을 담으니 어찌 작은 공간이라고 할 수 있겠는가? 방촌지간方寸之間 깊은 마음을 담기에 작지도 부족하지도 않은 공간임을, 새길수록 넓게 보인다.

《생각을 뒤집으면 인생이 즐겁다》라는 책에 "우리는 인생을 직구라고 던지지만 직구가 아니라 언제나 변화구입니다."라는 말이 있다. 인생의 변화무쌍함을 알기에 변하지 않을 돌에 새겨서 변화구에도 끄덕

하지 않기를 간절히 바라는지도 모르겠다. 우리 모두는 작은 유한의 삶을 살아가지만 남기고 싶은 무한의 의미를 돌에 새겨보는 것은 어떨까? 당신의 붉은 우주를 분명하게 간직하고 싶다면 말이다.

아직도 내 이름이 불려질 시간이 많이 남았다. 그 시간동안 나는 이름처럼 더욱 곧게 성장할 것이고 더 반짝이게 되리라는 믿음을 돌에 새겨본다. 우리는 이름처럼 승승장구하고 있다.

장법_
공간을 채워가는 나의 인생, 그대의 인생

아이와 함께 TV를 볼라치면 선호하는 채널이 너무 다름을 느낀다. 한 공간에 있으면서 세대과 감성의 분명한 차이를 시시때때로 만나게 된다. 공감하는 지점에서 확연한 차이를 느끼기도 하는데, 한번쯤은 '정말 내 뱃속으로 나은 아이 맞아?'를 외쳐보았을 것이다.

이것은 아주 가벼운 차이다. 아이가 사춘기이고 엄마가 갱년기라면 결코 만만치 않은 충돌을 대비해야 할지도 모른다. 정면으로 충돌하는 전면전을 할 수도 있고 전략을 세워 국지전을 펼칠 수도 있다. 어찌 됐든 한 공간에 있는 한 충돌을 피하기는 쉽지 않다. 그래서 나는 부딪치는 순간이 되면 슬쩍 자리를 피하는 전법을 사용한다. 충돌이 예상될 때는 공간이동을 한다. 감정들이 부딪힐 때 깨지기 쉬운 관계의 자리를 비워주는 감정의 장법을 사용하는 것이다. 그러는 동안 부정적 감정의 온도는 내려가고 생각은 오해와 이해를 오가며 정리가 되기도 한다.

　화선지 위에 캘리그라피를 할 때 글자와 글자가 부딪히지 않도록 공간적으로 어우러지게 쓰는 기법을 '장법'이라고 한다. 즉 글자의 크고 작음이 어우러지고 획의 길이가 길고 짧음이 조화롭게 구성되어지는 것을 의미한다. 작은 글자는 큰 글자에게 양보하고, 획이 많은 글자는 획의 굵기 조절로 획이 적은 글자를 받쳐주며, 점과 획의 힘 조절과 글자의 강약까지, 균형적인 조형미를 자연스럽게 표현하는 것이다. 미술에서는 구도이고 음악이라면 하모니를 의미한다.

　화선지라는 종이 위에서 이뤄지는 캘리그라피의 장법은 공간에 대한 이해를 요구한다. 한쪽으로 큰 글자들이 몰리지 않게 균형을 맞추면 보기 좋다. 서체 흐름은 비슷하게, 글자의 크기는 변화있게, 그리고 글자의 대조적 구성과 흑과 백의 적절한 배치가 좋은 캘리그라피를 만드는 장법이 되는 것이다. 퍼즐조각을 맞추듯 지나치게 비어있는 공간이 생기지 않도록 배치하는 것이 글자 하나 하나를 잘 쓰는 것보다 멋진 작품이 될 수 있다. 물론 작가의 의도가 있는 여백은 충분히 가능하다.

　캘리그라피를 시작하는 사람들은 큰 화선지에 쓰는 것을 상당히 어려워한다. 전시장에 있는 큰 작품들을 보며 공간에 대한 이해를 높이는 것도 좋은 공부가 될 수 있다. 장법을 잘 표현하면 보기도 좋고 읽기에도 편안하다. 그 편안함은 관람객의 발길을 멈추게 하는 힘을 가지고 있다.

　당신은 인생이라는 큰 화선지에 어떤 것들을 장법에 맞게 얹어놓고 싶은가? 인생의 퍼즐에는 재밌는 퍼즐만 존재할 수 없다는 것을 누구나 알고 있다. 지루함 속의 짜릿함이 더 큰 법이고, 잔잔함 사이에 호기심과 흥미로 채워진 퍼즐조각이 들어갈 수 있다면 더할 나위 없이 근사한 퍼즐이 완성되는 것이다. 앞으로 남은 인생이 어떤 조각들로 채워지기를 원하는지를 꼼꼼하게 고민하는 시간을 가져보기 바란다.

오래된 영화 〈Singing in the rain〉이라는 영화에는 남자주인공이 비오는 날 우산을 들고 춤을 추는 장면이 나온다. 탭댄스는 구두 밑창에 탭이라는 징을 박고 밑창의 앞부분과 뒷부분으로 마룻바닥을 리듬에 맞게 부딪쳐 소리를 내는 춤이다. 뒷부분을 바닥에 부딪치기 위해 항상 토끼발처럼 구두 뒷부분을 들고서 움직여야 하는데, 그래서 에너지 소모도 많고 발 앞굽치로 계속 움직여야 하기 때문에 몸의 균형감이 중요하다.

발이 진행되어 나가는 쪽에 몸의 무게 중심을 실어줘야 반대쪽 발이 쿵하는 소리를 내며 탭댄스의 생명인 리드리컬한 소리를 이어나갈 수 있다. 발뒤꿈치에서 내는 딕과 발 앞부분으로 내는 스텝을 주고받으며 발이 서로 꼬이지 않게 연결하는 리듬의 장법이 그 안에 있는 셈이다. 따라서 탭댄스의 포인트는 탭과 탭 사이의 간격의 여백에 다음 탭을 위한 발의 위치를 준비하는 것이 무엇보다 중요하다.

지금은 엄마로서의 크기, 딸과 며느리로서의 크기, 그리고 온전한 나로서의 크기가 외부조건에 따라 가변적일 수 밖에 없다. 가변적인 가운데 나로 존재할 수 있는 퍼즐 조각을 분실하지 않도록 하는 것이 중요하다. 엄마로서의 나, 딸과 아내로서의 나와 더불어 내 이름으로 존재하는 나를 집어넣어 균형있게 맞춰가는 습관을 들이도록 하자. 인생에는 공간, 시간, 관계 등에 균형이 필요하다. 그 균형이 생활에서 필요한 장법일 것이다. 엄마로서의 무게가 더 필요할 때는 조심스럽게 나의 무게를 덜어내주고, 아내로서의 공간이 줄어들면 나만을 위한 공간을 과감하게 넓혀주는 요령을 피워보자. 부딪치지 않고 매끄럽게 비껴갈 수 있는 지혜를 장법에서 배울 수 있다.

살아가면서 맺어지는 인연들을 위한 공간에 너무 인색하지 말자. 어떤 부딪힘에서 비껴나갈 수 있도록 여백을 조금만 준비해 놓자. 감정이 충돌할 때 잠시 피할 수 있는 공간, 마음에도 작은 바람이 지나갈 공간을 반드시 챙겨놓자. 나는 캘리그라피를 쓸 때도 글씨에 숨 쉴 수 있는 공간을 만들어준다.

서울시에서 지원하는 서울여성창업센터 더아리움에 선정되기 전까지 나의 작업실은 집이었다. 나만의 공간, 나만의 작업실에서 캘리그라피를 쓰고 싶은 꿈을 이제야 이루게 되었다. 물리적인 공간의 여백이 생겼고 감정의 장법을 살필 지혜도 얻었으니 지금의 나는 캘리그라피를 통해 조금씩 수정되며 성장하는 중이다. 늦은 출발이라고 걱정하는 소리도 적지 않게 들었다. 그들에게는 늦은 출발일지 몰라도 나는 아직 채울 수 있는 공간이 넉넉하게 남아 있기 때문에 적절한 출발이라고 믿고 있다. 그래서 어떤 충돌에도 끄떡없는 조율의 미를 부려볼 생각이다. 장법이 조화롭게 들어간 캘리그라피 작품 앞에서 한참을 머물며 감상하듯이 여유 있는 인생의 장법을 구상하고 감상하며 살아보기를 제안한다. 한 번뿐인 나와 당신의 인생을 뜨겁게 사랑하면서 소중한 시간들로 요리조리 채워가길 바란다.

아직 당신 앞의 시계는 멈추지 않았다. 발이 꼬여서 넘어질 때도 있었지만 다시 일어서서 잘 걸어오지 않았는가? 힘들면 잠시 쉬자. 그리고 다시 채워가면 된다. 항아리에 물을 채우면서 자주 들여다보지 말자. 괜히 들여다보며 언제 다 채우나로 포기하지 말고 그냥 넘칠 때까지 부어보자. 어느 순간 차고 넘쳐 주변으로 흘러들어가는 순간은 반드시 오기 마련이다.

"천천히 걸을 때도 있었다. 그러나 결코 뒤로 걷지는 않았다."

미국의 16대 대통령 아브라함 링컨의 말처럼 누구에게나 조금 느리게 걸어가는 날도 있고, 한 걸음 떼어 놓는 것도 힘든 날이 있다. 힘든 날은 조금 천천히 걸으면서 주위의 풍경을 느긋하게 감상하면 된다. 인생이라는 큰 퍼즐판은 큰 조각과 작은 조각이 어우러져 완성되는 법이다.

누구나
다 그래요
괜찮아요

역입_
꺾어진 붓에서 튕겨 올라가는 힘

홍대, 이태원이 요즘의 핫 플레이스라면, 90년대의 핫 플레이스은
단연 대학로였다. 친구들과 대학로 '장밋빛 인생'에서 청춘의 인생을
이야기 하고, 공원 무대에서 거리 버스킹을 구경하기도 했다. 전철 입
구에서 나눠주는 연극 할인티켓을 받고 즉흥적으로 공연을 보게 되는
경우도 있었다. 대학로 소극장 공연은 관객이 배우의 디테일한 표정을
다 볼 수 있을 정도의 작은 공간에서 이뤄진다. 배우의 입장에서는 관객
의 표정 하나 하나가 다 눈에 들어오기 때문에 '이 관객은 재미없어 하
는군.', '저 관객은 공감하고 있는데…' 관객의 표정이 여과없이 배우에
게로 전달된다. 그래서 공연 시작 5~10분 전에 한 배우가 나와서 전해주
는 연극에 관한 사전 설명이 중요하다. 쉽게 말해 바람잡이 배우가 등
장하는데, 웃음 포인트를 잡아주거나 공연의 컨셉 등 배우와 관객이 상

호소통이 이뤄지게 해준다. 공감을 확실하게 끌어올릴 수 있게 준비를 시켜주는 셈이다.

어디 공연만 그러겠나. 모든 운동에는 준비운동이 있다. 20분 정도 운동에 필요한 근육들을 풀어주어야 본 운동에서 제대로 효과를 낼 수 있다. 특히 초보자는 좀 더 신경을 써서 준비운동을 해야 하는데, 필요 없는 힘은 빼고 운동에 필요한 힘을 적절하게 사용할 수 있는 상태로 만들어 주는 것이다. 몸의 근육을 수축, 이완시키는 이런 준비운동이 캘리그라피에도 필요한데, 바로 '역입逆入'이다.

앞에서 언급했듯이 서예를 기반으로 하는 캘리그라피는 먹과 붓, 그리고 화선지를 주재료로 하여 서예에서 붓을 운용하는 법, 즉 운필법을 기초 수업에서 배우게 되는데, 붓을 잡고 처음 쓰게 되는 획 연습을 역입으로 시작한다. 첫 강의 시작을 여는 역입은 가장 기본이 되는 운필법이라고 할 수 있다.

붓의 한 획을 그을 때 획이 진행할 방향으로 바로 긋는 경우도 있지만 붓의 진행방향과는 반대로 거슬러서 나갔다가 시작하는 것을 역입이라고 한다. 붓끝이 반대로 거슬러서 들어간다는 것이다. 붓을 잡고 획을 오른쪽으로 긋고 싶다면 붓털을 왼쪽으로 살짝 눌렀다가 탄력을 받아 오른쪽으로 붓털을 꺾어 긋는 것이다. 모든 획의 시작을 역입으로 하는 것은 아니다. 필요에 따라 가벼운 획을 그을 때는 굳이 역입을 하지 않고 그냥 그어도 된다.

그렇다면 역입은 왜 필요한 것일까. 역입은 획에 힘을 모아주기 위한 준비운동이라고 볼 수 있다. 붓털이 탄력을 받게 되고 그 탄력이 획으로 이어지면서 운동에너지가 생기는 것이다. 연극을 재밌게 즐기기 위한 사전공연처럼, 운동 전 필요한 근육을 이완시켜주는 준비운동처럼, 더 멀리 뛰기 위해 한 걸음 뒤로 물러났다가 원하는 방향으로 뛰어나가는 육상선수처럼 집중된 힘으로 더 멀리 뛰어올라 힘차게 앞으로 나가는 것이다.

캘리그라피를 처음 시작하는 대부분의 경우는 평소에 붓으로 글씨를 쓰지 않기 때문에 붓을 잡는 것도 익숙지 않고 게다가 붓으로 글씨를 쓰려니 힘 조절과 먹물 조절이 쉽지 않다. 획도 가는 획만 나오는 경우가 많다. 힘 없고 가는 획을 조금 더 단단하고 꽉 찬 획으로 만들기 위해서는 역입이 필요하다. 역입을 이용해서 글씨를 쓰면 훨씬 안정되고 탄력 있는 획을 보여줄 수 있다. 또한 역입으로 획을 연습하면 필력, 즉 글씨에서 드러나는 힘이 좋아지기 때문에 캘리그라피를 처음 배우는 사람은 어렵더라도 꾸준히 연습하라고 당부한다. 뜀틀선수의 구름판처럼, 육상선수의 삼각받침대처럼 캘리그라피에서의 역입은 당신의 획에 힘을 모아주는 구름판이 되어줄 것이다.

우리의 일상에서도 역입처럼 한 번 뒤로 물러났다가 앞으로 나가는 움직임이 필요한 경우가 있다. 한 발 물러서는 것을 출발이 늦는 것으로 여겨질 수도 있겠지만, 이것은 예상경로를 살펴 갑자기 등장하는 위험요소에 무너지지 않는 회복탄력성을 준비하는 셈이다. 균형 있는 힘의 안배로 끝까지 완주할 수 있도록 하는 워밍업으로 여기면 좋겠다.

첫 책을 출간하고 15년을 물러서서 꾸준하게 글쓰기를 준비를 해 온 작가가 있다. 자신의 외모 때문에 떨어진 자신감을 글로서 인정받 고 싶어 서울대 의대에 들어가 틈틈이 썼던 내용을 묶어 30세에 첫 책 을 출간했다. 그 후에도 무수한 시도를 했지만 번번이 실패를 했다. 그 래도 포기하지 않고 끝까지 글쓰기 연습을 했다고 한다. 글쓰기를 시작 한 지 15년이 되니 대충 획 써도 예술처럼 나오더라고 말한 사람은 단국 대 기생충학과 서민 교수이다. 첫 책의 실패 후 한 발 물러나 글쓰기의 힘을 꾸준히 키우지 않았다면 지금의 목표를 이루어내지 못했을 것이 다. 이것이 한 발 물러서서 목표를 분명하고 자신 있게 만들어준 역입 의 자세이다. 준비운동이 긴만큼 앞으로의 지속가능한 시간은 충분히 남아있어 보인다.

지금 당신이 하고 있는 역입은 무엇인가. 나는 전통서예를 꾸준하 게 쓰고 있는 것으로 역입하고 있다. 창업을 하고 나서 정신없이 시간을 보냈다. 상품디자인을 위해 컨설팅을 받고 디자인 상품의 시제품을 제 작하면서 정말 하고 싶었던 캘리그라피가 뒤로 밀려나가고 있다는 것 을 알았다. 다시 붓을 잡고 캘리그라피를 쓰다 보니 나의 획들이 유효기 간이 다 되어가는 채소마냥 비실거리고 있음을 알게 된 것이다. 나와 함 께 시작했던 작가들은 훨씬 앞으로 나아가고 있는데 나만 뒤쳐져 있는 듯한 불안감에 획은 점점 힘을 잃고 끝까지 그어지지도 않았다.
캘리그라피는 서예와 끊을 수 없는 관계이다. 더 이상 캘리그라피 로는 다양한 획을 만들어 낼 자신이 없었다. 그래서 서예전공자가 아닌

나는 가장 기본이 되는 전통서예를 제대로 배워보기로 늦은 배움을 선택했다. 꾸준히 준비하고 연습한 획이 캘리그라피를 지속가능하게 해주는 힘이라 여기고 시작한 것이다. 그리고 한자 서예를 배우게 되면서 조금씩 획에 대한 탄력과 자신감이 생겼다.

가끔씩 액자나 부채에 한자로 써달라는 주문을 받는다. 한자에 약했던지라 써놓고도 맘에 들지 않는 경우가 많았는데, 최근에 '一切唯心造일체유심조'를 부채에 적어달라는 주문을 받고 한참을 연습해서 보냈는데 아주 만족스럽다는 후기를 남겨주었다. 늦은 배움이 이러한 즐거움을 주고 있다. 스스로 만족하는 캘리그라피를 쓰기 위해 조금 물러서서 이어가는 더딘 준비는 나를 성장시키고 있었다. 캘리그라피를 하는 동안 전통서예는 분명 나의 역입의 시간이 되어줄 거라고 확신한다.

찌든 빨래를 할 때는 애벌빨래를 거친 뒤 세탁기에 넣는다. 와이셔츠의 칼라 안쪽과 소매쪽은 유난히 때가 많이 묻기 때문에 부분세척제로 미리 문질러 세탁기에 넣으면 훨씬 깨끗하게 세탁된다. 애벌빨래가 깨끗한 세탁을 위해 하는 역입인 셈이다. 삼겹살을 먹은 뒤 기름기가 그대로 남아 있는 그릇을 바로 싱크대 속으로 보내버리는 것보다는 밀가루로 한 번 닦아내야 뽀드득한 설거지를 할 수 있는 것처럼 생활속에서도 역입의 예를 쉽게 찾아볼 수 있다.

공부에도 역입은 중요하다. 앞서가는 친구를 보면서 빨리 따라가야겠다는 급한 마음에 아무런 준비 없이 서두르다가 중요한 포인트에서 무너져버린 일, 기본개념을 소화하지 못한 채 심화문제를 풀다가 포기해 버린 수학문제집. 캘리그라피에서도 가장 기본적인 것을 익히지 않으면 대충 흉내로 한두 번은 멋지게 쓸 수 있지만 머지않아 혼자서는 어떤 획도 그을 수 없게 될 것이다. 온전하게 체화되지 않은 것은 진정한 자신의 것이 아니다.

나는 기초연습을 많이 시키는 강사이다. 그래서 획에 대한 강조도 많이 하고 역입도 매 수업에 언급한다. 빨리 캘리스럽게 쓰고 싶은 마음에 오늘 해야 할 연습 대신 누군가 써 놓은 글씨를 따라 쓰기에 바쁜 사람들도 간혹 있다. 기초수업에 역입을 제대로 하지 않아 심화수업을 제대로 따라가지를 못하는 수강생이 이렇게 말한다.

"선생님, 남이 쓴 거는 따라는 쓰겠는데 혼자서는 못 쓰겠어요."

수업시간에 획의 중요성을 충분히 설명하고 힘들더라도 역입과 중봉을 천천히 연습하도록 강조했건만 자신만의 캘리그라피를 완성해 나가기 위한 연습보다는 타인의 캘리그라피를 부러워할 뿐이다. 은행에 저금을 하는 것은 돈이 필요할 때를 대비하는 것이다. 캘리그라피를 쓰는 데 있어 연습은 저금과 같다. 평소에 꾸준하게 연습으로 모아두면 멋진 작품을 쓰게 될 때 꺼내 사용할 수 있다. 이제 연습을 저금하는 습관을 만들어 보자.

'연습만이 살 길이다.' 캘리그라퍼로서의 나의 구호다. 더 힘 있는 캘리그라피를 쓰기 위해 수없는 역입을 그어라. 한 걸음 뒤로 물러서는 역입을 시시하게 여기지 마라. 그리고 빨리 멋을 내려는 조바심에 주의한다면 지금은 조금 더디게 가는 것처럼 보이나 머지않아 역입을 통해

튀어 오르는 준비된 힘이 당신의 캘리그라피를 이끌어 가는 첫 획이 된다는 사실을 알게 될 것이다.

인생도, 글씨도 역입으로 어제보다 더 힘찬 오늘이 되고, 더 확신에 찬 캘리그라피로 드러나는 그날을 위해.

Bravo your life!

기울기는 보여지는 템포

★ 생동감 있는 컨셉트를 표현하기 위해 기울기를 사용할 수 있다.

★ 오른쪽으로 향하는 기울기는 강한 느낌을 표현하기에 적절하다. 획의 두께가 있다면 힘있는 강한 도전을 대변하는 획에 유용하다.

그에 반해 왼쪽으로 향하는 기울기에는 연약한 느낌의 보드라운 감성을 주기에 효과적이다.
멜랑꼴리한 컨셉트에 어울린다고 볼 수 있겠다.
느린 아름다움을 표현할 수 있다.

4장

수다를 접고 수작^{手作}을 펼치다

묵묵하게
墨墨하게

10cm×15cm의 감동

민훈아, 올해는 상업영화 한편 찍어보자.

내 활력소가 되어줘서 너무 고마워.

기쁜 관계로 만나 깊은 관계가 되길···

당신의 인생은 여전히 아름답다.

찰나의 우연처럼 만나 긴 인연으로 살아가자.

어제는 꿋꿋하게 오늘은 당당하게 내일은 여유롭고 멋지게.

당신은 아름답고 따뜻하고 신비로워.

내 심장이 뛰는 한 그대를 지켜 주리라.

나만의 시간의 흐름을 당신과 더불어 담다.

캘리그라피 액자를 주문했던 사람들의 글 중 몇 개를 발췌하였다.

보통 액자에 들어가는 종이 크기는 10cm×15cm이다. 이 작은 공간 안에 소중한 사람들에게 전하는 애정이 들어있고 축하의 박수소리가 들리며 함께 행복하는 표정을 담겨있다. 생일과 결혼기념일, 입학과 졸업 그리고 특별한 날에 준비하는 메시지. 각자의 사연만큼 어느 하나 소중하지 않은 것이 없다. 이중 '어제는 꿋꿋하게, 오늘은 당당하게, 내일은 여유롭고 멋지게'라는 글은 더 각별한 의미로 기억된다. 정규직 전환 고시를 앞두고 있는 비정규직 사원들을 응원하기 위한 액자라면서 더 신경 써서 적어달라고 주문자가 부탁하였다. 생각지도 못한 이유 있는 선물에 나도 응원의 마음을 담아 쓰게 되었다. 사람의 마음이 보인다는 것이 바로 이런거겠구나 하는, 시험을 준비하는 사람의 마음도 보이고, 선물을 준비하는 사람의 응원소리까지 들렸던 문구였다.

혹시 마음 속에서 쿵하는 소리까지 들렸던 카드를 받아본 적 있는가? 스마트폰이 나오면서 새해맞이 인사는 이모티콘으로 보내고, 단체 문자로 간단하게 끝낸다. 그러다 보니 가끔 정성스럽게 손으로 적은 엽서나 카드를 받으면 광대승천이 저절로 되는 기쁨을 준다. 최근 들어 크리스마스와 연말이 다가오면 지인들에게 보내는 격려와 희망의 메시지와 일 년 동안 챙겨주신 고마운 사람들에게 감사를 전하는 캘리그라피 카드 주문이 늘어난다. 당신의 마음을 담기에 작은 종이는 결코 부족하지 않은 공간임을 캘리그라피를 통해서 알게 될 것이다.

20주년을 맞이하는 부모님의 결혼기념일에 선물을 의뢰한 남학생이 있었다. 아빠, 엄마의 돌 사진에서부터 10대, 20대 그리고 결혼을 하고 예쁜 딸을 낳아서 키워온 부모님의 히스토리를 사진과 함께 캘리그라피 엽서로 장식하고 싶다고 상담을 해왔다.

"25년은 할아버지의 딸로 사셨는데 앞으로 오래오래 저의 어머니로 살아주십시오. 10년 뒤에 보톡스 준비하겠습니다."

그 다음 이야기는 어땠을지 충분히 그려진다.

좋은 날에 작지만 의미 있는 선물이 되는 캘리그라피 작업이 참 좋다. 이런저런 사연에 담긴 마음을 캘리그라피가 거들 수 있어서 다행이다. 내가 열심히 프리마켓 셀러로 활동할 때에 즉석에서 주문하는 엽서의 TO 뒤에 가장 많이 놓여지는 대상은 엄마, 아빠 그리고 가족의 이름이었는데, 연인보다 부모님을 생각하는 사람들이 많다는 것에 조금 놀라기도 했다.

얼굴 보며 표현하는 데 어색하다면 당신 옆에서 함께 밥을 먹고 있는 사람에게 10cm×15cm 작은 종이 위에 감춰놓았던 진심을 캘리그라피로 표현해 보자. 맛있는 밥을 먹다가 감동하는 모습을 직접 보게 될 것이다.

감동은 전염이 된다. 지난 연말에 일 년 동안 고생한 소속선생님들에게 선물을 하고 싶다는 월드비젼 대전지부로부터 상담메일을 받았다. 함께 봉사하는 선생님의 이름과 함께 감사한 마음을 캘리그라피 액자로 전하기를 원했다. 주문자는 캘리그라피 액자를 선물로 받고 큰 감동이 받은 경험이 있다고 했다. 자신이 받았던 감동을 다른 소중한 사람에게 전달하고 싶어진 것이다. 당신이 쓰고 있는 캘리그라피가 냉랭하던 마음의 온도를 올려줄 것이고 감동 릴레이를 위한 연결자가 되어

줄 것이다.

감동의 연결자가 되려면 누구보다 먼저 자신을 감동시키는 것이 중요하다. 그것은 매일 1획을 긋는 것이고, 매일 캘리그라피를 쓰고 있다면 이미 당신에게는 감동을 전달해 줄 힘이 생겨나고 있을 것이다. 그리고 하얀 종이에 쓰는 것을 두려워하지 마라. 많은 캘리그라퍼들이 이 작은 종이 앞에서 작아진다. 매일 쓰는 1획이 붓끝에 자신감을 얹어 먹물에 담가놓을 것이니 지금까지 살아나온 경험과 뜨거운 감성을 네모난 종이에 드러내기만 하면 된다.

아들이 고1때부터 매주 월요일에 손편지를 적어 주기 시작한 작가가 있다. 그는 아들이 사춘기가 되면서 대화도 줄어 불편해진 소통을 해결하기 위한 방법으로 매주 편지를 써 관계를 회복하게 되었다고 한다. 기숙학교에 있는 아들이 주말에 집에 왔다가 다시 학교로 가는 월요일 아침마다 편지를 전했고, 그렇게 3년이라는 시간동안 손편지를 썼다. 그리고 아들은 자신의 비전을 찾았고 원하는 과에 진학하게 되었다. 아빠와 아들은 여전히 서로에게 고마움을 넘치게 전하는 관계를 이어가고 있다.

많은 엄마들은 육아일기를 썼던 경험이 있을 것이다. 나 역시 육아일기를 쓰던 것이 습관이 되어 꾸준히 성장일기를 쓰고 있는데, 손글씨를 쓰다 보면 감정이 정리가 되는 경우가 많다. 캘리그라피도 그렇다. 생각이 복잡하게 꼬여있을 때 붓을 들면 엉킨 생각들이 천천히 사라지고 마음의 소리에 귀가 열리는 경험을 자주 한다. 그리고 감성이 살아나면서 감동을 끌어 당겨온다. 마음과 마음을 이어주는 캘리그라피의 힘.

나의 마음과 타인의 마음을 연결해 주며, 표현하는 사랑에 익숙하게 해 주는 힘. 그 힘이 궁금하다면 옆에 있는 종이에 펜으로 써보자.

너 생각보다 참 괜찮은 사람이야

캘리그라피 상품을 판매하게 되면 꼭 손글씨로 감사엽서를 동봉한다. 아무리 바빠도 그것만큼은 예외 없이 지키고 있는데, 받은 물건뿐만 아니라 함께 보내준 손엽서에 더 감동 받았다고 하는 사람이 종종 있다. 바쁜 사회생활에서 혼자만의 편리함을 즐기는 자발적 혼족이 늘어가고 있지만 10cm×15cm 안에 담겨 있는 자신의 이름을 보는 순간 위로받는 게 아닐까?

이 문구에 관련된 또 하나의 이야기. 지난 9월에 기업신입직원워크숍 강의를 의뢰 받았는데, 새롭게 시작하는 다짐의 의미를 캘리그라피한 문장으로 시각화하는 강의를 진행했다. 각자 자신에게 어떤 다짐을 보여주고 싶은지 고민을 하는 중에 단정한 외모의 여직원이 이 문구를 쓰고 싶은데 괜찮을지를 물었다. 자신감이 부족하다고 소개했던 그녀는 이 문구가 다짐의 의미가 될지를 고민하며 내게 물어왔다. 가능하지 않을 게 뭐가 있겠는가? 같은 조원의 응원과 강사의 격려로 그녀는 누구보다 멋지게 캘리그라피를 쓰면서 '너는 생각보다 멋진 사람이야'로 바꾸어 작업을 완료했다.

이제는 당신 차례이다. 누군가에게 기쁨을 전달하는 메신저가 되어 보는 거다. 그리고 자신에게도 캘리그라피로 좋은 기운을 불어넣어

주자. 캘리그라피는 색 바랜 당신 이름에 윤기를 되찾게 해 줄 것이고,
당신이 쓴 캘리그라피 엽서가 어떤 이의 마음에 선명한 빛을 선물하게
될것이다. 오늘이 당신 앞에 놓여있는 10cm×15cm의 작은 종이에 캘리
그라피로 감동을 실행하는 첫 날이었으면 좋겠다.

프리마켓, 캘리로 놀자!

　2014년 4월 25일은 특별하게 기억되는 날이다. 처음으로 캘리그라피로 셀러가 된 날이다. 이 날을 기다리기도 했지만 한편으로는 오지 않기를 바라던 날이기도 했다. 즉석에서 캘리그라피를 써야 한다는 부담감이 상당했기 때문이었다. 무슨 일이든 처음에는 무언의 압박감이 있다. 강사로 첫 수업을 하기 전에도 그랬다. 하지만 제한된 공간에서 제한된 사람 앞에서 준비된 내용을 설명하는 것과 오픈된 공간에서 불특정한 사람들 앞에서 캘리그라피를 쓴다는 것은 내공이 필요했다. 준비해 간 글씨들을 펼쳐 놓는 것부터 어색한 초짜 판매자. 가로 70㎝, 세로 120㎝ 테이블을 세팅하는 데 한 시간이 꼬박 걸리고, 지나가는 사람들이 나를 보고 있는 것만 같아 뒤통수가 얼마나 따갑던지….

　'내가 과연 사람들 앞에서 잘 쓸 수 있을까?'

'글씨를 맘에 안 들어 하면 어떡하지?'

이 두려움 때문에 프리마켓에 참가하라는 여성능력개발원의 문자를 4개월 동안 무시하고 지냈다. 실패가 주는 낯선 꿀팁을 그때는 몰랐으니까.

20대 한 남성이 8개의 계단 위에서 스케이트보드를 타고 내려와 균형있는 착지를 하기 위해 2년 동안 연습하는 과정을 찍은 동영상을 본 적이 있다. 4분 남짓 되는 영상에는 착지를 위해 죽을 만큼 고생했던 2년 동안의 기록이 담겨져 있다. 넘어지고 굴러서 피가 나고 갈비뼈가 부러지기도 하는 장면이 3분 50초를 채운 뒤 마침내 2년 만에 착지에 성공한 그는 정말 행복하다고 말하며 자신이 이루고자 했던 개인적인 성취 중에 가장 어려운 것이라고 덧붙였다. 2년의 걸친 실패가 적정 속도와 튀어오르는 플립의 방향과 높이를 찾게 해주었을 것이다. 신체의 고통을 비용으로 지불한 2년의 무수한 실패가 던져준 단서들을 통해 성공의 답을 마침내 찾아낸 것이다. 실패가 실패로 끝나는 것은 다시 도전하지 않았기 때문이고, 다시 도전하는 한 성공할 수밖에 없음을 보여준다.

나는 실패할까봐 도전하지 못했던 프리마켓에서 완판하는 성공에 흥분하기도 했고 기대에 못미쳐 낙심하기도 했다. 하지만 성공만 보느라 성장을 놓치지는 말아야 한다. 나는 실패를 통해 성장하는 셀러들의 단서를 얻을 수 있었다. 그래서 마켓 참여는 멈추지 않고 계속 이어졌다.

첫 판매를 했던 곳은 지하철 도곡역 통로였다. 제1회 서울시 여성창업공예대전 수상자들의 판로 개척을 위한 지원사업으로 시작된 '수상한 마켓'은 상을 수상한 작가들의 뭔가 요상하고 수상한 작업물을 판매한다는 뜻이다. 프리마켓과 캘리그라피가 둘 다 낯설였던 때라 캘리그라피를 잘 모르는 사람들에게 소개하는 시간 정도로 여기고 자리잡고 앉았다. 함께 참가한 작가들이 먼저 관심을 보여 왔다. 손을 풀 겸 그들의 이름을 써주었다. 아, 이것이 즉석에서 바로 써주는 붓맛, 그리고 손맛이구나!

우리에게는 항상 당신이 최고입니다

샘플로 준비해 간 액자에 들어있던 문구이다. 30대로 보이는 여성이 이 문구 앞에서 한참을 서 있더니 주문을 한다. '엄마, 우리에게 당신이 항상 최고입니다'로 적어달라고.

첫 주문과 함께 뛰어오르는 심장 박동은 붓을 잡고 쓰는 동안에도 진정되지 않았다. 손이 너무 떨려서 제대로 못 쓸 것만 같았다. 주문한 사람도 눈치 챘을 텐데, 너그럽게 만족스럽다고 하였다. 첫 주문의 떨림은 평생 잊을 수 없는 심장이 쫄깃해지는 경험이었다. 지금도 그때를 떠올리면 변함 없는 떨림을 느낀다. 창업 공모전에 당선되어 수상식에서 발표했던 5분 프레젠테이션보다 더 긴장했던 그때의 기억은 감정의 힘이 딸릴 때 가끔 소환되기도 하곤 한다.

그렇게 시작해서 테이블 주위에는 사람들이 둘러서게 되었다. 이상하게도 사람들이 둘러서게 되면 궁금한 마음에 더 많은 사람들이 몰려온다는 것을 알게 되었다. 마지막까지 남아서 기다리는 사람들에게 다 써주고 나니 마켓 마감시간을 끊는 셀러가 되었다.

성공이 흥분되고 멋진 것은 분명하지만 실패에도 유익한 키워드가 숨겨 있다. 그래서 실패를 부정적으로만 받아들여서는 안 된다. 할까 말까 고민될 때는 일단 하는 것을 선택해라. 목적지에 가장 빠르게 도착할 수 있는 고속도로를 달리다가 실수로 국도로 잘못 들어섰다면 처음에는 실수한 것에 화가 나지만 국도가 주는 풍경에 기분이 좋아지고 맛집도 발견하게 될 것이다. 예상치 못한 즐거움에 불편했던 감정이 소멸되고, 나만의 비밀스러운 장소를 찜하게 수도 있을 것이다.

이렇게 시작한 마켓 참여는 2년 동안 이어졌다. 두려움에서 즐거움으로, 막연함에서 확신으로 생각이 변해갔고, 캘리그라피에서도 그 변화는 이어졌다. 건대입구에서 열리는 마켓을 한 동안 나간 적이 있었다. (혹시 프리마켓에 나가게 되면 명함 챙기는 것을 잊지 마라.) 테이블을 세팅하고 명함이 예쁘게 자리 잡고 있으면 오가는 사람들이 알아서 명함을 가져간다. 그리고 얼마 후 한 광진구에 있는 대안학교에서 연락이 왔다. 대안학교 겨울특강으로 캘리그라피 수업을 하고 싶다는 제안을 받게 되었고 교육을 진행하게 되었다. 꼬리에 꼬리를 무는 학교 강의는 대안학교 교장선생님이 다른 학교 선생님에게 소개해 준 것이고, K여고와 J고등학교 진로수업으로 이어졌다. 나는 마켓에서 재밌게 캘리그라피를 쓰며 놀았는데 작은 명함 한 장이 자신의 책임을 아주 열심히 해낸 것이다. 지금 당신이 머물러 있는 곳에서 열심히 움직이기만 한다면 준비된 인연이 당신을 알아보고 다가올 것이다.

프리마켓은 캘리그라피를 좋아하는 사람들과 함께 즐길 수 있는 자리이다. 이제 두려움에 떨리던 손은 더 이상 없다. 멋진 봄날과 같은 따뜻한 문장을 써주기 위해 설레는 떨림으로 붓을 잡는 손이 준비하고 있다.

마켓 참여를 통해서 내가 얻고 싶었던 것은 판매 이상의 공감에 대한 리서치였다. 누가 캘리그라피에 관심을 가지고 있는지, 누구를 위해서 캘리그라피를 쓰고 싶어 하는지가 궁금했다. 그리고 캘리그라피의 어떤 매력이 사람들에게 어필되는 것인지 알고 싶었다. 마켓에서 만난 사람들은 글씨를 사는 사람들이 아니다. 따뜻한 마음을 얻고 싶은 사람들이다. 나 역시 마켓에서 캘리그라피를 파는 사람이 아니라 소중한 사람에게 단 하나뿐인 따뜻한 마음을 전해주는 메신저이고 싶다. 나는 프리마켓에서 사람을 만나고 마음 전달하는 법을 배웠다.

캘리그라피는 거창한 것이 아니다. 마음의 소리를 글씨로 잘 표현하는 것. 즉 문자로 표현되어지는 캘리그라피 자체가 다른 사람에게 의미 있게 다가간다면 캘리그라퍼로 행복할 것이다. 당신과 내가 부단히 연습하고 준비해 온 하나의 획이 누군가의 마음을 움직일 수 있다는 것을 상상해 보자. 장식장에서 쉽게 꺼내지지 않는 부담스러운 접시보다 꾸미지 않은 듯한 소박한 접시가 자주 쓰임을 받게 된다. 당신의 소박한 캘리그라피를 맘껏 드러낼 수 있는 자리로 나가보자. 캘리그라피로 사람들과 함께 어울리는 놀이를 지속적으로 이어가다 보면 당신의 캘리그라피를 좋아하는 친구가 점점 늘게 될 것이다.

　나는 지속적인 마켓 참여로 많은 친구를 얻었고 실력도 얻었다. 지금이 참으로 행복하다. 그리고 지금의 행복을 가져다 준 캘리그라피가 참으로 고맙다. 근거 없는 두려움에 갇혀서 미루거나 포기했다면 그 어느 때보다 행복한 시절을 보내는 지금의 나를 만나지 못했을 것이다.

　붓과 함께 놀고 캘리그라피와 함께 즐겨라. 놀며 즐기는 동안 당신의 획은 변화구로 성장하고 있음을 믿으면서 말이다.

처음부터 나를 찾는 사람은 없다

　자랄 때 나는 우리집 못난이였다. 외모도 성적도 오빠, 언니에 비해 떨어졌다. 엄마가 지인들에게 하는 자랑에는 오빠와 언니만 있었다. 언니는 엄마의 특별한 지원이 없는데도 학교생활을 예쁘고 똑똑하게 잘 해내었고 자랑하기에 충분했다고 나 또한 인정한다. 언니는 저런데 나는 이 모양일까? 나는 왜 언니만큼 잘 하지 못하는 거지? 이런 불만으로 고민을 했던 시기가 있었다. 누군가의 뒷배경으로 존재하는 것 같은 기분, 항상 박수만을 쳐주는 자리에 있는 것 같은 자존감 결핍. 배경으로 남을지 앞으로 걸어 나올지 결정짓는 것은 나라는 것을, 수업을 하면서 그때의 나와 같은 못난이를 종종 만나게 되면서 새삼 깨닫는다.

　10년 넘게 출강을 나가는 곳은 여성들을 교육시켜서 사회에 재진입할 수 있도록 도와주는 기관이다. 캘리그라피를 취미로 배우러 오는 사람도 많지만 그에 못지않게 사회재진입의 기회로 삼고자 하는 경력단절여성들도 많다. 이들에게는 공통점이 있는데, 낮은 자신감으로 스스로를 아주 과소평가한다는 것이다. 강사가 아무리 동기부여를 해도, 그 기회가 자신에게는 결코 오지 않을 것이라는 의심을 거두지 않는다. 나도 그들과 같은 시간들을 지나왔기 때문에 누구보다 자신감 없이 우물쭈물하고 있는 태도를 잘 알고 있다. 경력단절여성의 직업교육은 기술적인 교육과 동시에 마인드 교육도 함께 이뤄져야 진정한 의미에서 여성능력의 개발을 이룰 수 있을 것이라고 여성부와 여성능력개발원에 강력하게 제안하고 싶다.

만약 캘리그라피 강사로 활동하려 한다고 치자. 인터넷을 통해 조사를 하고 강사이력서와 교육안을 미리 만들어 놓은 뒤, 서울시 교육청 방과후학교 사이트를 수시로 드나들면서 끈기 있게 문을 두드린다. 금방 강사로 선정되지 않을 수 있다. 반복되는 도전과 실패의 경험이 자신이 부족한 부분을 찾는 단서가 되어 수정, 보완을 도와준다. 이러한 과정 자체를 경력단절여성들은 견디기 어려워한다. 교육을 받고 자격증만 취득하고 나면 교육기간에서 바로 출강으로 연계시켜 주리라고 기대하지 말기 바란다. 두세 번 지원하고 나서 기대했던 결과를 얻지 못하면 자신감은 더 떨어지고 괜히 시간을 버렸다고 불평하는 사람을 많이 보았다. 바로 다음에 기다리고 있는 기회를 보지 못하고서 말이다.

서예전공자도 디자인전공자도 아닌 나는 내게 부족한 것이 무엇인지는 잘 알고 있다. 그래서 나의 부족과 결핍을 채우기 위해 배우고 또 공부한다. 한국공예·디자인문화진흥원에서 공예비즈니스 교육을 수료한 것도 부족함을 채우기 위함이었고, 마포 관광·공예 MD개발 아카데미수업 역시 결핍을 해결하기 위한 선택이었다. 나는 캘리그라피를 하면서부터 그 어느 때보다 나에게 가장 정직하게 열중하고 있다. 지금이 내 인생의 전성기라고 우기면서. 그렇게 나에게 집중하는 동안 나에대해 궁금해하는 사람들이 조금씩 늘어나는 것을 경험하고 있다. 〈헤이데이〉 잡지사와의 인터뷰와 하나은행 〈행복노하우〉 잡지에서 인터뷰 요청이 그러했다. 아무도 찾지 않던 나를 누군가가 눈여겨 보고 작업실을 찾아오고 있다.

인터뷰 말미에 기자가 "작가님은 인생의 행복을 뭐라고 생각하십니까"라고 물었다. 나에게 행복은 '내가 차리는 식탁'이라고 답했다. 요리 솜씨 없는 나는 남이 해주는 음식은 무조건 맛있게 먹는다. 그러나 솜씨 없는 내가 나를 위해 준비하는 식탁에는 내게 필요한 자신감 생기는 부침개도 올려놓고 스트레스 풀어내는 국물도 올려놓을 수 있다. 내면의 허기짐을 채워주는 식탁으로 만들어 가는 과정이 내게는 행복이다. 손이 더디면 어떠하고 조금 싱거우면 어떤가. 어설프지만 내게 필요한 것들이 하나씩 올려지는 식탁이 내게는 행복테이블이다.

캘리그라피가 많이 노출되면서 이제 많은 사람들에게 익숙해졌다. 그렇다고 해서 나의 감성을 담은 캘리그라피의 가치를 감추지는 못한다. 나의 캘리그라피는 결코 흔하지 않다. 당신이 쓰고 있는 캘리그라피 역시 소중하고 특별하다. 당신의 캘리그라피를 관심있게 지켜보고 있는 사람들이 생겨나게 되어 있다.

나를 찾아주는 사람이 없으면 나를 알리기 위해서 시장으로 나가면 된다. 도곡동 마켓에서 두 번 캘리그라피 글씨를 구매한 인연으로 마켓에 나가지 않아도 4년째 연락을 해오는 고객이 있다. 매년 5월이 되면 선물할 캘리그라피 액자를 십여 개씩 주문한다. 아이들을 위한 응원문구에서부터 부모님과 선생님께 보내는 액자까지. 나의 캘리그라피를 좋아해 주고 다시 찾아주는 고마움이 나를 감동시켰고, 나는 캘리그라피로 감동을 보내는 감동의 순환을 이어가고 있다.

또한 진심을 다한 수업은 꼬리에 꼬리를 무는 강의로 계속 이어지기도 한다. DIY 리폼박람회에서 만난 중학교 선생님과의 인연으로 연희동에 있는 중학교에 3년째 출강하고 있다. 또한 고등학교 진로특강수업으로 진행해 온 특강이 교육부의 자유교양학기제 실시로 정규수업으로 채택되어 서울의 한 고등학교에서 캘리그라피 수업을 진행하고 있다. 서울시 교육부에서 2015년 처음 시범으로 실시한 고교자유학년제 오디세이학교 프로그램인데, 일반적인 학교 교육과정에서 벗어나 1년 동안 자율적이고 대안 교육과정을 통해 깊이 있는 체험과 자아 발견의 기회를 제공하기 위한 고교자유 교양수업이다. 이제는 신입직원뿐 아니라 직급자 연수 프로그램으로 강의 요청이 들어온다. 이 기회들이 우연히 찾아온 것처럼 보이는가? 그렇지 않다. 나를 알리기 위해 뜨거운 여름 땀 흘리며 뿌려 놓았던 씨앗이 가져다 준 열매이다.

자신을 알리는 방법은 프리마켓 말고도 다양하다. 평소 알고 지내는 지인이 나를 찾아주기를 기대하지 마라. 나를 소개하고 알릴 수 있는 사람은 오로지 나뿐이다. 나가서 나를 알려야 하고 명함을 건네주어야 하며, SNS나 블로그 홍보도 직접 해야 하는 셀프마케터가 되어야 한다. 이런 절박한 노력을 무시하고 캘리그라피만 쓰고 있으면 누가 나를 알고 불러주겠는가? 시간이 날 때 하는 것이 아니라 시간을 만들어서 스스로를 홍보할 채널의 문을 열어놓아야 한다.

요즘 대세인 인스타그램도 활용하고 블로그에 꾸준히 포스팅 해보는 것이 좋다. 나는 블로그에 여성창업을 주제로 한 포스팅을 백일동안 하루도 빠짐없이 올렸다. 자신만의 규칙을 가지고 올린 포스팅은 당신을 알리는 포트폴리오가 되고 당신의 캘리그라피를 원하는 사람들이 쉽게 다가올 수 있는 통로가 되어준다.

2015년 12월 한 온라인 교육업체로부터 동영상 강의 제안을 받았다. 어떻게 나를 알고 연락을 했을까 궁금해서 물었더니 블로그를 보고 연락을 하게 되었다고 한다. 꾸준한 포스팅이 가져다 준 또 다른 열매인 셈이다. 이제는 동영상을 보고 연락을 해오고, 직접 오프라인 수업을 들으러 먼 거리를 오는 사람들까지 생겼다. 캘리그라피가 만들어준 소중한 관계가 아닐 수 없다.

"안녕하세요? 저는 강연문화 기획전문 마이크임팩트의 김PD입니다. 혹시 한국여성벤처협회의 특강을 해주실 수 있으실까 해서 연락드립니다."

제품 의뢰를 위한 상담전화가 대부분이었던 시기에 받았던 강연 의뢰 전화. 이것 역시 뿌려놓았던 씨앗들 중에서 피어난 것이다. 여성과 창업이라는 키워드 그리고 캘리그라피로 연결되는 협업과 혁신의 키워드에 맞아떨어지는 강사를 찾다가 연락을 하게 되었다고 했다. 망설이는 나에게 열정과 동기부여라는 강연주제에 맞게 나의 경험을 바탕으로 준비하면 된다고 용기를 주었다. 그리고 한국여성벤처협회 창업지원 사업에 선정된 사람들 앞에서 〈세상에서 하나뿐인 당신이 꿈을 이루다〉라는 주제로 110분의 강연을 실수 없이 당당하게 풀어낼 수 있었다.

처음부터 나를 찾아주는 사람은 없다. 나를 찾는 사람이 없으면 내가 찾아 나서면 된다. 나를 찾아올 수 있도록 길을 만들어 차곡차곡 다져 놓으면 된다. 이 길을 만드는 노력과 애정은 오로지 나의 몫이고 그리고 당신의 몫이다. 이 길이 당신을 캘리그라피를 쓰는 작가, 캘리그라피를 가르치는 강사에서 강연자로 이끄는 길이 되어줄 것이다. 나를 찾기 쉽도록 이정표를 잘 해놓으면 그 길을 따라 당신을 찾아올 것이다. 더 이상 혼자만의 막연한 두려움으로 우물쭈물하지 말고 당신의 캘리그라피를 포스팅을 하고 해시태그를 달아라. 자신이 얼마나 가치 있는가를 스스로 보여주는 노력이 필요할 때이다.

여기저기 뿌려놓은 씨앗들이 머지않아 기회라는 이름으로 하나씩 싹을 틔울 것이다. 기회는 특별한 사람에게 오는 것이 아니라 포기하지 않으면 누구에게나 불시착처럼 찾아온다. 우연히 찾아오는 것처럼 보이지만 사실은 열심히 깔아놓은 멍석 때문이라는 것임을 잊지 마라.

내 사랑
최 성진씨
고맙고
사랑합니다

엄마가
우리 엄마여서,
아빠가
우리 아빠여서
고마워
다시 태어나도
엄빠딸 할래
사랑해

글씨에서 찾은 마음

　뉴욕에 가면 빌드어베어Build a bear 워크숍이 있다. 그 숍에는 테디베어에서부터 버니와 다양한 인형들이 진열되어 있는데, 원하는 인형을 선택하면 솜이 들어가기 전의 인형의 피부색으로 된 천을 건네받는다. 그리고 인형에 입힐 옷을 고르고 목소리도 선택할 수 있다. 작은 심장모양의 하트플라스틱에 소원을 적어 솜을 넣어주는 곳으로 가면 원하는 푹신함의 정도까지 선택할 수 있다. 인형피부에 심장을 넣고 자신이 원하는 목소리와 촉감을 선택하고 출생신고서를 발급 받는다. 나만의 아이와 같은 맞춤인형을 탄생시켜 주는 서비스를 제공하는 인형숍이다. 동생을 원하는 아이에게는 동생이 생기는 순간을 체험할 수 있는 이곳은 꼭 아이들에게만 인기 있는 것이 아니다. 만드는 과정에 함께 참여하는 출산과 같은 경험을 포함시켜 놓았기 때문에 나만의 인형에 내가 디자인하고 부여하고 싶은 가치까지 담게 되는 것이다. 소비자의 인사이트를 정확하게 간파한 사업이다.

대량으로 쏟아져 나오는 상품보다 특이한 상품에 관심이 가고, 자신만의 생각이나 느낌이 주문하는 상품에 반영되기를 원하는 요구가 증가하고 있음을 짐작할 수 있다. 나 역시 이러한 요구를 캘리그라피 상품에 최대한 반영하려고 노력한다. 다양성을 바라보는 이해의 폭이 확대되었을 뿐만 아니라 최근 인기 있는 사회관계망서비스(SNS)에 개성 있는 표현을 중시하는 잠재소비자들과의 소통을 상품 제작에도 적극적으로 반영하고 있다. 페이스북은 텍스트로 자신의 생각을 알리는 것이라고 한다면 인스타그램은 영상이나 사진으로 자신의 상태를 보여준다. 자신만의 느낌과 감성을 표현하고 싶어하는 시대에 캘리그라피만큼 명확하게 자신의 감정을 드러낼 수 있는 표현법이 또 있을까?

캘리그라피로 쓴 한 문장으로 받게 되는 수많은 하트는 공감의 무게이다. 한 구석 비어있는 공간에 혹하고 들어오는 한 문장에 공감을 표현하는 것은 캘리그라피로 만든 글에서 위로받고 싶은 공통의 마음을 읽게 된다. 연애와 결혼을 포기하는 청춘들이 많고, 결혼을 하더라도 아이 양육에 버거움을 느끼는 부부가 늘고 있다. 스스로 혼족을 선택해서 혼밥, 혼술 그리고 혼영(혼자 영화보기)과 혼여(혼자 여행하기)까지 혼자서 대부분의 일상을 해결하지만 외로움만큼은 잘 해결되지 않는 듯하다. 그리고 외로움의 자리를 차지하게 되는 반려동물들. 이제는 강아지, 고양이가 아닌 가족의 막내가 되어 자신의 성에 이름을 붙여주고 온갖 정성과 애정을 들여 키우고 있는 펫pet과 가족family의 합성어로 불리는 펫팸족이 증가하고 있다. 그만큼 반려동물에게서 받는 위로가 크게 차지하고 있음을 의미한다. 반려동물들을 애지중지 키우는 것이 아기 키우는 것에 절대로 뒤지지 않는다. 사람은 사랑을 받고 싶어하면서 또한 사랑을 주고 싶어하는 존재이다. 그래서 대상이 필요하고 사람과의 어긋난 관계로 오는 불편함 대신 애완동물에 넘치도록 애정을 쏟는지도 모르겠다.

사춘기 아들과의 관계가 힘들어서 온 수강생은 온 정성을 들여서 키운 자식에게서 느끼는 배신감에 매우 날카로운 표현으로 자신을 방어하다 보니 점점 마음이 무섭고 예리하게 변하게 되었다고 했다. 자신의 마음이 그대로 말로 쏟아지면서 아들과 더 부딪치게 되었고 그런 자신이 무섭다고 말한 그녀는 스스로 마음을 다스리기 위해 캘리그라피를 배우게 되었다고 이유를 설명했다. 스스로의 마음이 어떤 상태인지를 인지하고 있어서 그나마 다행인 경우이다. 그러면서 미세지만 아들의 마음을 베게했던 자신의 예리한 표현들이 조금씩 다듬어지고 있다고 전했다. 날카롭던 언어가 붓끝에서 부드러운 번짐으로 확인되는 캘리그라피를 오래도록 쓰고 싶은 결심을 보여주었다.

풀밭에 서린 안개 파랗고
꽃잎 떠가는 강물 향기롭다

중국 당나라의 시인 대숙륜이 쓴 한시의 한 구절이다. 봄날 낚시대를 드리우고 바라보는 푸르고 향기로운 시절이 그려지는 이 부분이 유

斷煙棲草碧
流水帶花香

끊어진 연기 풀섶에 서려 앉아 가
흐르는 물 꽃잎을 띄우는
향기로워라

독 맘에 들었다. 캘리그라피를 하는 대부분의 사람들은 캘리그라피로 좋은 글을 쓰고자 한다. 부정적인 표현이나 어두운 감정을 쓰는 것보다는 위로가 되고 힘이 되어줄 글을 찾는 노력을 많이 한다. 유명한 시인의 시를 쓰다 보면 자연스럽게 이렇듯 감미로움을 표현을 하고 싶어지는 순간과 마주하게 된다. 캘리그라피에 항상 따라 다니는 '감성'이라는 내면의 소리를 자작한 사람보다 더 잘 표현할 사람이 어디 있겠는가? 그래서 자신의 마음을 더 잘 살피게 되는 것이 캘리그라피 작가이다.

나는 수강생들에게 책을 읽게 되고 좋은 글들을 많이 접하고 쓰다 보면 쓰고 있는 사람의 마음도 고아지고 좋은 글을 읽다보면 자녀와의 관계 속에서 상처 받고 상처 주며 거북이 등처럼 딱딱해진 마음도 여름날 녹아내리는 아이스크림처럼 풀어지게 된 나의 경험을 들려주곤 한다. 억센 감정에 둘러싸여서 예전에는 들을 수 없던 마음이 하는 말이 들리게 되면 하고 싶은 것이 생기기 마련이다.

영화 〈라라랜드〉에 '그냥 흘러가는 대로 가보자'라는 말이 나온다. 무언가를 하려고 하면 이것은 시간이 없어서 안될 것 같고, 저것은 너무 멀어서 할 수 없고, 이것 재고 저것 재느라 시작도 하기 전에 걸림돌에 부딪치는 경험을 수 없이 했을 것이다. 나는 타인의 시선이 두려워서 뒤로 숨기도 했고, 타인의 조언에 물러서도 보았다. 오늘 퇴근길에 누굴 만나게 될지, 연인과 해피엔딩이 될지, 내 꿈이 어떤 꽃으로 피어나게 될지 아무도 알 수가 없다. 그렇기에 지금 이 순간 꿈틀거리는 몸과 생각을 흐름에 맡기는 것도 좋은 방법일 것이다.

만약 20대가 자신이 하고 싶은 일에 대한 고민을 물어온다면 당연히 'yes'이다. 그들은 실패한다고 해도 다시 시작해야 할 이유가 넘쳐난다. 만약 50대가 같은 고민을 물어온다면 나의 대답은 'yes'다. 왜냐하면 망설이고 있을 시간이 없기 때문이다. 무조건 가보는 것이다. 내일이 오늘보다 더 힘이 없고 회복탄력성이 떨어질 테니 말이다. 지금이 내 인생에서 가장 팔팔한 때이다. 인생에서 후회되는 것을 줄여나가는 것만으로 정말 잘 살아온 인생이 아닐까?

가끔씩 캘리그라피가 마음에 들지 않게 써질 때가 있다. 이것은 감정의 변화가 마음을 흔들고 충돌을 일으키고 있다는 표시이다. 그 충돌이 잦아질 시간을 허락해 준다면 스스로 마음을 정리하고 타협하는 방법을 배우게 된다. 충돌 속에서 당신의 캘리그라피는 성숙해진다. 그리고 당신의 캘리그라피에 담긴 마음을 보고 또 다른 누군가가 자신의 마음을 찾아 나설 것이다.

내 남자친구를 위로해 주세요

2014년 단풍이 절정을 막 넘어갈 때 K대학교 학생회로부터 축제행사에 참여해 달라는 요청을 받았다. 가을햇살과 젊음의 건강함이 넘쳐나는 캠퍼스는 내 20대의 기억을 소환해 주었고 시간여행자가 되어 추억놀이를 하는 즐거움으로 행사를 준비했다. 점심시간이 되자 많은 대학생들이 강의실을 벗어나 행사가 펼쳐지고 있는 곳으로 나왔다. 원하는 문구를 그 자리에서 써주니 신기한 듯 반응은 뜨거웠다. 여학생들은 꼭 사야할 이유를 찾아서라도 즉석 캘리를 보고 싶어했다. 기다림이 길어지다 보니 주문을 해 놓고 수업을 마치고 찾아가겠노라고 하는 학생들도 많았다.

오후 4시경 한 여대생이 내 앞에 와서 서 있다. "원하는 문구를 써드릴까요? 이 수첩에 적어주면 됩니다." 그런데 여학생은 "저기요, 오늘 제 남친이 지원한 회사에서 입사발표가 났는데 떨어졌대요, 뭐라고 위로하면 좋을까요?" 하며 눈물을 흘리는 게 아닌가. 마치 자기가 입사 시험에 떨어진 것처럼 슬픔을 두 손으로 끌어안듯이 가방을 안고 서서 훌쩍거리는 모습에 여학생의 마음이 고스란히 전해졌다. 벌써 몇 번째의 탈락이라며 우는 그녀와 함께 남친에게 위로가 될 말을 고민하기 시작했다. 처음 보는 나에게 그녀는 진심으로 남자친구를 걱정하는 모습을 보여주며 어떻게든 위로할 수 있도록 도와달라고 했다. 그리고는 2개의 문구를 내밀었다.

넘어졌다고 해서 무너지지 마, 툭툭 털고 다시 일어나면 돼!
2015 신입사원 이○○

하나는 곧 만나서 줄 것이고, 다른 하나는 신입사원이 된 뒤에 줄 거라고 하면서 말이다. 청춘들이 취업의 문 앞에서 무너지지 않기 위해 서로가 서로를 붙잡아 주며 일으켜 세우려는 절박한 모습에 도리어 내가 감동을 받았다. 응원에 힘을 보태고 싶어서 강하고 큼직하게 적어서 선물로 주었다.

'미장센'이라는 말이 있다. 이는 영화에서 무덤덤하게 끝날 수 있는 장면에 극적인 효과를 주기 위해 동원되는 여러 가지 요소들을 칭하는 말이다. 예를 들면 〈웰컴투 동막골〉이라는 영화에서 옥수수가 눈꽃처럼 떨어지는 장면이 나오는데, 남과 북이 대립되는 관계에서 우정으로 화해하는 변화의 과정을 표현하기 위한 장면이다. 극적인 대립관계에서 우정으로 전환되는 장면에 옥수수가 터지는 영상을 배치함으로 반전의 효과와 재미를 제대로 살려냈다는 평을 받았다.

영화는 엔딩을 확인할 수 있기 때문에 그 영상이 의미하는 것을 파악할 수 있다. 하지만 인생을 살아가는 중에는 결코 끝을 알 수 없기 때문에 지금의 상황이 극적인 감격을 주기 위한 '내 인생의 미장센'이 될 것인지는 알 수 없다. 시간이 지나서야 그때의 시련이 반전을 위한 장치였음을 알게 된다. 그날 내가 써준 캘리그라피가 낙담한 청춘들의 더 큰 성장을 위한 미장센이 되길 간절히 바란다. 수차례의 어려움을 딛고 합격의 문을 통쾌하게 통과하는 갑절의 기쁨을 맞이했으리라 믿는다.

미장센은 캘리그라피에서도 볼 수 있다. 글씨의 사이즈나 획의 두께 또는 색상의 변화로 전달하려는 의미를 강조할 수 있고, 캘리그라피의 문구에 어울리는 공간배치를 하거나 상반되는 배치와 여백으로 극적인 효과를 살릴 수도 있다.

시중에 판매되는 디자인엽서와는 다르게 원하는 문구를 적어주는 캘리그라피 엽서는 의뢰자와 함께 고민을 하는 경우는 흔하다. 무엇을 써야할지 모르겠다며 도움을 청하기도 하고, 이렇게 바꾸는 것은 어떠냐고 내가 제안하기도 한다. 그러다 보니 단순하게 물건을 판매하는 것과는 다르게 오고 가는 공감과 생각의 공유가 이뤄지는 특별한 판매경험을 자주 하게 된다. 보통 5분에서 10분 이상 고민하고 같이 다듬는 공동 작업을 하는 셈이다. 작업에 함께 참여했기 때문에 결과에 대한 만족도는 높을 수밖에 없다.

서울대 심리학과 최인철 교수는 소비에는 경험을 위한 소비와 소유를 위한 소비가 있다고 했다. 즉 비용을 지불하는 소비에는 여행처럼 경험과 이야깃거리가 생기는 소비와 특정 물건, 가방이나 옷과 같은 실물을 사서 소유하는 소비가 있는데, 이 두 가지 소비 중 만족도가 더 높은 것은 경험을 사는 것이며, 이것이 오랫동안 행복감을 준다고 한다. 그러니 의뢰인과 같이 작업한 캘리그라피 엽서를 손에 쥐었다면 이 두 가지를 함께 소비한 것이 된다. 분명 이 캘리그라피 엽서는 책상 위에 자리를 잡고서 틈날 때마다 잠시 잊었던 행복한 감정을 호출해줄 것이다.

중국에서 유학 온 대학생 신혜 님. 한참을 지켜보고 고민하다 부끄럽게 다가와서 어떻게 하면 되는 것인지 조심스럽게 묻는 억양에서 한국 사람이 아니라는 것을 알았다. 그녀는 한글맞춤법 하나 틀리지 않고 적어주었다.

너를 만난 것은 나의 행운이다

캘리그라피 엽서와 함께 텀블러를 함께 구입한 것이 인연이 되어 언제 마켓에 나오는지를 묻는 나의 젊은 친구가 되어 주었고, 중국 심천의 한국관에 전시될 캘리그라피 상품의 설명을 중국어로 자연스럽게 번역하는 데 많은 도움을 주기도 했다. 그리고 코엑스 홈테이블 데코 박람회에 참가할 때에도 일부러 찾아와 준 정말 고마운 팬이 되었다.

캘리그라피는 단순히 글씨만을 주고받는 것을 넘어 그들과 소통하는 일이다. 그들이 필요로 하는 적절한 문구를 제공하기 위해 책을 읽고, 밑줄 친 문장을 따로 모아 놓고, 짧은 글를 자작하기 위한 끄적거림은 캘리그라퍼로서의 또 다른 일상이 되어가고 있다. 나에게 캘리그라피는 알지 못하던 사람과 편안한 대화를 할 수 있게 해주고 캘리그라피가 아니면 결코 가지 않았을 거리로 나를 안내하고 있으며, 인문학적인 감성을 일깨워주는 독서의 시간도 허락했다.

남자친구를 위로해 주는 것으로 시작된 작은 인연이 내게 젊은 친구를 만들어 주었던 것처럼 당신의 캘리그라피가 새로운 인연의 연결고리가 되어줄 것이다. 또한 그들이 적은 글들이 캘리그라피로 재탄생되었을 때 기뻐하던 모습에서 내가 캘리그라피를 계속해야 하는 이유를 찾을 수 있었다.

기쁜 관계로 만나 깊은 관계가 되길

1년의 아침을 선물하다

퇴근시간이 가까워지면 엉덩이가 들썩인다. 퇴근시간과 의자에서 엉덩이를 떼는 시간이 일치되기 원하는 칼퇴근은 모든 직장인들의 희망사항이다. 그리고 한 주가 마무리되는 '불금'에 한 주의 스트레스를 몽땅 넣어 재빠르게 삭제키를 누르고 싶을 것이다. 퇴근 후 누군가를 만나서 함께 말이다.

퇴근하고 만나자

퇴근 후 만날 약속을 하며 건넸던 말, 20년이 지난 지금도 가끔 이 말이 그립다. 하고 싶었던 말이자 듣고 싶었던 이 말을 내가 처음으로 제작한 달력의 11월에 담았다. 그리고 같은 해 이 달력을 들고 용감하게 코

엑스에서 열리는 홈·테이블 데코페어에 참가했다. 그 용기 덕분에 참가하는 동안 관람객들로부터 가장 많은 '좋아요'를 받았다. 이 한 문장 때문에 달력을 구입하는 직장남성도 있었다.

당신은 '퇴근'이라는 단어와 '만나자'라는 단어 중 어느쪽이 더 끌리는가? 나에게 '퇴근'은 하루의 일을 마무리하고 쉴 수 있는 시간으로 다가왔고 '만나자'는 또 다른 세계로 나가려는 시작의 의미로 다가온다. 특히나 어미인 '자'는 자발적이고 적극적인 자세를 내포한다. 끝이 새로운 시작이 되었던 나의 이야기와 오버크로스 되어 작업한 문장이기도 했다.

여성이 직장을 그만두고 가정 내로 진입하면 영원히 퇴근하게 될 지도 모르는 불안감이 있다. 나 또한 불안감을 떨쳐내기 위해 오랜 시간을 보냈다. 결과물이 명확히 보이지 않는 일을 시작한다고 우습게 여기는 사람들도 있었지만 남은 시간을 죽을 날만 바라보며 지루하게 보낼 것이 두려워서 멈출 수가 없었다. 그래서 꼬리에 꼬리를 무는 고민을 끝내고 일단 행동하는 것으로 경단녀 탈출을 시도했다.

〈꽃보다 할배〉의 나영석 PD는 한 강연에서 "실행의 자격은 성실하고 묵묵히 자신의 일을 쌓아 올린 사람에게 주어진다"고 했다. 나는 묵묵히 붓을 잡았고, 실행의 자격을 얻어 가고 있다.

서울시 디자인센터의 지원으로 제품디자인 컨설팅 사업에 선정되어 전문위원에게 상품디자인에 대한 컨설팅을 받은 적이 있다. 8개월간의 컨설팅을 받으면서 시중에 판매되고 있는 캘리그라피 상품과는 차별화된 내 브랜드만의 상품을 제작할 수 있게 되었는데, 그것이 바로 '속지교체형 슬림형 원목밴드 캘리그라피 달력'이다. 2015년 여름에 문구를 준비하고 가을에 디자인과 종이에 맞는 사이즈를 결정, 인쇄하였고, 겨울로 넘어가는 문턱에 어렵게 완성된 '꼭 전하고픈 한 마디'를 품은 달력. 내가 만든 제품이 세상에 나오는 감격은 참으로 놀라운 경험이었다. 세상에 하나뿐인 달력을 품에 안고 코엑스에서 열리는 2015홈·테이블데코전시회에 단독부스 참가해 다양한 사람을 만나게 되었고, 특히 디자인 상품만을 전문으로 취급하는 팀장들과의 상담도 이뤄졌다. 디자인등록과 함께 디자인 전문 쇼핑몰에 입점 제안을 받게 되었고, 다른 오픈 사이트에 올려져 완판을 하게 되었다.

캘리그라퍼들은 문구에 대한 고민을 많이 한다. 특히 캘리그라피 전시회를 준비할 때는 좋은 시를 쓰기도 하지만 자작을 하는 경우도 적지 않다. 나 또한 작품전시를 할 때는 자작을 한다. 달력을 만들 때는 12개의 문구를 만들어내고 연습하는 일이 가장 어렵고 힘들었다. 여러분들도 캘리그라피를 쓰다보면 늘 문구가 궁한 것을 느끼게 될 것이다. 무언가를 쓰고 싶어서 왔는데 막상 쓸 문구가 없어 고민하게 되는 것이 캘리그라피의 또 다른 어려움이기도 하다.

캘리그라퍼로서 좋은 글을 쓰고 싶은 것은 당연한 욕구이다. 더구나 1년을 놓고 보는 달력이 날짜 확인용으로만 자리하고 있기를 원하지 않는다. 달력의 기능과 더불어 감정적으로 버겁고 숨이 찰 때 쉼표가 되어주고, 마음을 다독이는 포근함으로 힘들고 지쳐 있을 때 달력의 문구를 한 번 보고 '씨익' 웃을 수 있는, 지나치게 무겁지도 너무 가볍지도 않은 담백한 인사를 1년동안 해주고 싶었다.

각 달이 가지고 있는 이미지를 문장으로 표현하기 위해 책을 더 많이 읽었고 평소에 쓰던 일기장과 아이들의 육아일기도 뒤적거렸다. 오랫동안 써왔던 일기장과 메모습관이 이렇게 유용하게 쓰이게 될 줄이야. 여기서 잠깐 팁을 알려주면 자신의 감정일기와 날씨일기, 그리고 하루의 일상에서 느낀 아주 짧은 메모들을 꾸준히 적어놓아라. 분명 그 끄적거림이 당신의 캘리그라피를 남다르게 만들어줄 것이고, 일상의 감성이 공감을 불러일으키는 캘리그라퍼로 만들어줄 것이다. 얼마전 개인수강을 하는 은정 님이 초등학교 5학년 아들이 일기쓰기를 싫어한다고 하길래 3줄일기를 쓰라고 제안했다. 3줄이라면 부담없이 일상을 간략하게 메모하듯 쓸 수 있기 때문이다. 평소 수강생들에게 과제로 내주었던 감정일기를 조금 확대한 그 제안이 아들에게 먹혔다며 콧소리내며 알려주기도 했다.

사람들은 캘리그라피 글씨체도 눈여겨 보지만 전하는 메시지에도 많은 관심을 갖는다. 그 시선이 꽂힌 문구를 보면 위로받고 싶어하는 사람들의 마음이 보였고, 상처를 어루만져주는 따뜻한 감성을 몹시 그리워하고 있음을 알 수 있었다.

"안녕하세요? 작년에 코엑스박람회장에서 2016 달력 구매해서 남편에게 선물했는데 사무실 책상에 올려놓고 너무 잘 썼어요. 감사드려요. 2017년 달력도 꼭 구매하고 싶거든요. 다시 입고가 되려나요? 간곡히 부탁드려요. 남편이 다른 달력 사준 건 쓰지도 않고 작년 캘리 달력을 그대로 올려 쓰고 있어요! 아직도. 그 정도로 좋아해서…. 긍정적 답변 부탁드릴게요."

작년 2월 중순이 지났을 때 내 쇼핑몰에 올라온 요청글이다. 달력은 시즌 상품이기 때문에 1월 중순만 되어도 구매하는 사람의 거의 없고 재고도 거의 남지 않아서 판매중지를 시켜놓았던 것인데 구매하고

싶은 간곡함을 적어왔다. 이보다 더 고마운 메시지가 또 있을까. 지금까지 캘리그라피 디자인상품을 만들기 위해 아무로 알려주지 않은 길을 힘겹게 걸어온 내게 다시 힘을 내라고 주는 응원 같았다. 누군가에게 진정으로 위로가 되고 있는 캘리그라피가 내게도 힘이 되고 있음을 고백한다.

이 달력은 처음 제작할 때부터 속지를 교체해서 계속 사용할 수 있도록 디자인등록까지 한 상품이다. 해가 바뀌면 속지만 구매해서 원목 받침대에 꽂으면 된다. 그 약속을 지키기 위해 겨울로 넘어가는 시점에 다시 제작하였다. 캘리그라피 달력에는 소중한 사람의 1년을 지켜주고 싶은 소원이 담겨져 있다.

입학을 하게 되거나 새로운 학년으로 올라갈 때 엄마들이 하는 기도가 있다. 나 또한 엄마이기에 좋은 선생님이 담임이 되길 기도했고, 좋은 친구들을 만나서 학업에 도움이 되기를 기도했었다. 그런데 만약 내 딸이 학교 선생님이라면 기도는 바뀔 것이다. 좋은 학생을 만나서 내 딸이 조금 편하게 1년을 보내길 바랐을 것이다. 그리고 좋은 친구를 만나길 바란다면 내 아이가 먼저 좋은 학생이 되어야 하는 것을 깨달게 되었다. 그 후 자녀를 위한 내 기도는 바뀌었다. 내 자녀가 좋은 학생이 되어 그 반을 도와주는 이가 되도록, 좋은 친구가 되어 친구에게 선한 영향을 끼칠 수 있게 해달라고 말이다.

캘리그라피도 마찬가지이다. 캘리그라피가 1년 동안 당신의 좋은 친구가 되어 주길 바란다. 인생이라는 큰 달력을 한 장씩 뜯으며 살아가고 있는 우리는 혼자서는 살지 못한다. 캘리그라피 글씨와 제작은 혼자 했지만 나를 도와준 사람들은 적지 않았다. 교수님을 비롯해서 함께 서예를 배우고 있는 캘리그라퍼들, 인쇄를 전혀 모르던 나를 위해 수차 례의 보정작업을 기꺼이 해준 은희언니, 그리고 나의 수강생들. 혼자라 고 생각이 들 때 갈라진 목소리에 좋은 건강음료를 챙겨주는 효원 님, 생강인삼차를 만들어 주는 미화 님, 나의 홍보대사를 자청하는 은옥님 과 나의 스승 완쌤, 그리고 언제나 내편인 선주언니가 있어서 나의 365 일은 건강하다.

　달력의 표지였던 '꼭 전하고픈 한 마디'를 당신에게 전한다.

　힘들지? 한번 안아줄게
　밥은 먹고 다녀, 아프지 말구

뻔뻔한 대표, 편편한 강사, 팔팔한 작가

    시어머니와 며느리가 산에서 나물을 캐고 있었다. 며느리는 날렵한 손놀림으로 쉬지 않고 나물을 캤고, 시어머니는 쉬엄쉬엄 캤다. 저녁이 되어 며느리는 수북히 나물이 담긴 소쿠리를 들고 시어머니에게 가서 자랑을 하려는 순간 시어머니의 소쿠리를 보고 놀라지 않을 수 없었다. 당연히 자신이 캔 나물이 많을 것으로 생각했는데 시어머니의 나물이 훨씬 많았기 때문이다. 젊은 며느리는 궁금해서 물었다

    "분명 제가 어머님보다 쉬지 않고 열심히 나물을 캤는데 어떻게 어머님이 저보다 더 많은 나물을 캘 수 있지요?"

    그러나 시어머니가 대답했다.

    "너는 오늘 하루 종일 쉬지도 않고 호미질을 했지만, 나는 잠시 쉴 때마다 무뎌진 호미날을 다시 세웠기 때문이란다."

무조건 앞만 보고 달린다고 해서 목적지에 빨리 도달하는 것은 아니다. 며느리처럼 살아왔다고 느끼는 사람이 있다면 이제는 조금 쉬면서 자신이 가지고 있는 무기의 칼날을 살펴보아라. '열심히 일한 당신 떠나라'던 어느 광고의 카피처럼 지금의 자리에서 벗어나 자신을 바라볼 수 있는 새로운 자리로 이동해 보자.

지금까지 무엇을 잘 해왔는지, 무엇 때문에 넘어졌는지를 살펴보고 인생의 방향을 리셋하는 것, 이것이 무뎌진 호미날을 세워 남은 날들에 달릴 열매를 수확하는 지혜가 될 것이다. 쉬지 않고 달려 기진맥진한 몸에 휴식이 필요하고, 관계 속에서 방전된 마음에 신나는 에너지를 넣어주는 시간이 필요하다. 그 쉼표 안에서 자신이 무엇을 좋아하는지, 어떤 것에 열정을 발휘하는지를 탐색하는 시간을 꼭 가지길 바란다. 머지않아 맞이하게 될 어른의 사춘기, 갱년기에 찾아오는 쓸쓸한 통증을 이겨낼 처방전이 필요할 테니 말이다.

캘리그라피는 방전된 나에게 단비 같은 처방전이었다. 내 인생에서 가장 불만족스러웠던 시기에 숨쉴 수 있는 작은 통로가 되어 주었기 때문에 발목 골절에도 캘리그라피에 대한 배움을 포기할 수 없었다. 생각만큼 쉽지 않아서 부족한 감각을 탓하며 이 길도 나의 길이 아닌가 하는 의심의 소리가 점점 커질 무렵 서울여성 창업공예대전에서 입상하였다. 공예대전이 출발신호가 되어 KT희망여성창업공모전에 사업계획서를 내게 되었고, 우수상을 받으면서 1인기업의 대표가 되었다. 사업계획서를 만들어 놓으면 언젠가는 유용하게 써먹을 수 있을 거라는 생각에서 시작한 것이 300명이 넘는 지원자들 중 1차 심사에서 13명 안에 들고 나니 욕심이 생겼다. 상상을 현실로 만들기 위한 준비의 칼을 갈기 시작했다. 2차 심사는 10분간의 사업설명 프레젠테이션으로 치러졌다. 그 10분을 위해 16번의 연습녹음을 한 뒤 분명한 사업안을 자신있게 제시했고, 수상식 날 많은 사람들 앞에서 난생 처음 만든 PT로 발표하는 5분 스피치를 숨겨놓았던 뻔뻔함으로 만족스럽게 마쳤다.

그런데 이 자신감에서 내려오는 데는 그리 오래 걸리지 않았다. 작품을 만들기 위해 제조업체를 방문하는 과정에서 한 번도 경험해 보지 못한 설움과 벽에 부딪혔다. 모든 것을 새롭게 배워나가야 했다. 결국 장년창업센터를 찾아서 상담을 받았다.(우리나라에서 지원하는 청년창업과 장년창업의 기준이 되는 나이는 만 39세이다. 그곳에 가면 재능기부로 상담을 해주는 사람들이 있다.) 내게 필요한 나무는 어디에 가서 만들어야 하는지, 유리는 어디에서 제작해야 하는지 알아야 했다. 컨설팅을 받는다 해도 정확한 위치나 공장을 알려주는 것은 아니다. 어디에 가면 그런 데가 있을 텐데 정도이다. 구체적인 도움이 되기보다는 내가 찾아봐야 할 범위를 포괄적으로 알려주는 정도이다. 어설프게 갔다가 안 만들어준다고 하는 사장도 있었고, 가격을 터무니없이 비싸게 요구하는 업체도 있었다. 그들에게 나는 스타트업의 순진한 사업자일 뿐이고 주문 물량이 많지 않아 그리 반갑지 않은 고객이었을 테니까 말이다. 스스로 충돌하고 스스로 화해하는 과정을 무수히 오고가는 동안 뻔뻔스러운 소통이 가능하게 되었다.

요즘 나의 일주일은 버라이어티하다. 평소에는 개인사업자의 대표로서 청바지에 후드티를 교복처럼 입고 다니다가 수업이 있는 날에는 단정한 강사모드로 변신한다. 수강생들에게는 늘 새로운 모습을 보여주려 노력한다. 사람이 늘 같은 생각, 같은 감성일 수 없듯이 감성의 글씨 캘리그라피를 가르치는 강사로서 느낌 있는 모습을 보여주고 싶기 때문이다. 어떤 목적을 가지고 캘리그라피를 배우러 왔든 나를 통해 배우는 캘리그라피가 지루했던 일상을 즐거움으로 변화시키는 출발점이 되기를 바란다.

한 수도원에서 나이 많은 수도사가 정원에서 흙을 손질하고 있는데 그 옆을 젊은 수도자가 지나가고 있었다. 그 젊은 수도자는 그 수도원에 들어온 지 얼마 되지 않았는데 '거만하다'는 평을 받고 있었다. 나이 많은 수도사가 젊은 수도사에게 말했다.

"이 단단한 흙 위에 물을 좀 부어주겠나?"

젊은 수도사가 물을 부었는데 물은 옆으로 다 흘러가고 말았다. 나이 많은 수도사는 옆에 있는 큰 삽을 들어 흙덩어리를 깨고 나서 흙을 모으더니 다시 한 번 물을 부어 보라고 말했다. 젊은 수도사가 물을 부었더니 물은 잘 스며들고 부서진 흙이 뭉쳐지기 시작했다. 그때 나이 많은 수도사가 젊은 수도사에게 말했다.

"이제야 물이 잘 스며드는군. 여기에 씨가 뿌려지면 싹이 나고 꽃을 피우고 열매가 맺혀질 것이야. 사람도 마찬가지지. 우리도 부서져야 씨가 뿌려지고 꽃이 피고 열매를 맺을 수가 있는 거지."

웃으며 살자

사람과 사람이 만나는 관계를 잘 유지하기 위해서는 서로가 상대방에게 옥토가 되어주려는 노력이 필요하다. 강사와 수강생이라는 격식적인 관계에서 서로의 연약함에 힘이 되어주는 관계로 이어가고 싶다. 캘리그라피로 새로운 도전을 꿈꿀 수 있게 밀어주고 당겨주면서 함께 동행하는 기회를 더 많이 제공하게 되길 희망한다.

아무리 함께 가자고 길을 제시해도 겁을 내며 그 자리에서 한 발짝도 움직이지 않을 때는 정말 안타깝다. 수없는 붓질이 바른 획을 만들어가듯이, 사람과의 관계에서도 상대를 향한 수많은 어루만짐의 손길과 눈길이 있어야 깊은 관계를 쌓을 수 있다. 특히 캘리그라피를 통해 꿈을 찾는 경력단절여성을 마주할 때 강사로서 많은 것을 알려주고 싶어진다. 캘리그라피로 자신을 치유하고 성장해 가는 그들의 모습에서 강사로서의 fun fun한 흥분이 솟아난다.

강의를 마치고 가는 곳은 어김없이 나의 작업실이다. 이 작업실 역시 서울시에서 여성창업자들을 대상으로 모집, 선정의 과정을 거쳐 입주하게 된 공간이다. 알뜰살뜰 만들어진 작업실에서 '필소굿캘리'만의 글씨를 작업하는 시간은 온전한 나로 팔팔하게 살아있음을 느끼게 해준다. 팔팔하다는 것은 치열하게 고민하고 있다는 뜻이다. 원하는 글씨를 쓰기 위해 쓰고 또 쓰는 시간이 마냥 달콤한 것만은 아니지만 이 시간이 있어야 '캘리그라피 작가'라는 이름표가 부끄럽지 않을 수 있기 때문이다.

뻔뻔한 대표와 편편한 강사 그리고 팔팔한 작가. 캘리그라피를 중심으로 엮어가고 있는 다양한 이름표가 오늘도 나를 성장시킨다. 처음부터 3가지 이름을 가진 것이 아니었다. 하나가 둘을 불러왔고, 둘이 셋이 되었다. 당신의 감정을 숨기지 않고 일상의 조건들을 변명으로 미뤄놓지만 않는다면 당신이 상상하는 모습의 이름을 갖게 될 것이다. 지금 당신 손에 들려진 붓이, 꿈이 현실이 되는 곳으로 데려다 주는 마법의 붓자루라는 것에 가슴 떨리지 않는가?

건강한 멋이 아름답다_캘리도 다이어트 해야해!

처음 캘리그라피를 하게 되면 멋을 부리고 싶어진다. 그런데 지나친 멋내기는 자칫 이상한 조합으로 보여질 수 있다. 자형은 초성, 중성, 종성 중 어느 하나만을 지나치게 크게 쓸 경우 부자연스러울 수 있으니 주의하자. 특히 'ㄹ'의 공간에 대한 비율을 적당하게 두는 것이 좋다. 즉, 건강미를 위해 다이어트가 필요하듯이 담백한 표현이 캘리를 더 고급지게 만들기도 한다.

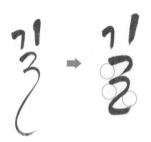

194

5장

연습은 작품처럼, 작품은 연습처럼

아는 만큼 사랑하게 된다

붓을 잡고 먹향을 맡으면서부터 나는 계속 진화하고 있다. 딱딱한 조직에서는 개성과 창의성이 많이 요구되지 않지만 캘리그라피는 그 어떤 순간에도 자신이 가지고 있는 것이 장점이 될 수 있다. 규격과 규칙에서 벗어날수록 더 유연한 작품을 쓸 수 있고, 획에 대한 정확한 쓰임을 아는 것은 필요하지만 강요하지 않는다. 그렇지만 획을 위한 연습과 자신이 살아온 경험은 우습게 여기지 않기를 바란다. 경험은 이야기가 되고 감성은 대상의 마음을 얻을 수 있는 자기만의 레시피가 되기 때문이다.

이사를 와서 우체국이 어디인지를 몰라서 헤매던 사람이 지나가는 한 청년에게 길을 물었다. 그 청년은 치킨을 좋아하는 사람이라 "저쪽 코너에 치킨집이 있고 거기서 왼쪽으로 돌면 삼계탕집이 보여요, 거기서 300m 직진하면 됩니다."라고 설명했다. 그리고 이번에는 목사님에게 길을 물어보았다. "앞에 보이는 교회를 지나서 100m 가면 2층에 교회가 보이고요. 그 교회에서 오른쪽으로 돌면 됩니다."라고 대답했다. 그와 마찬가지로 '十'를 보여주면 수학자는 덧셈이라고 하고, 약사는 적십자 표시, 의사는 병원, 목사님은 십자가라고 말할 것이다. 같은 것을 묻는데 대답이 다른 것은 경험이 다르기 때문이다.

캘리그라피에 감동하는 지점도 캘리그라피를 보는 감성의 온도에 따라 달라진다. 그 다름에는 세상을 바라보는 관점과 경험치가 들어있다. 비슷한 경험을 한 사람은 비슷한 감동포인트에 머물게 된다. 그래서 당신이 경험했던 모든 것은 다 소중하며 앞으로 경험할 것도 당신이 걸어가고 있는 길의 한 구간으로 선명하게 남아있게 될 것이다.

막연한 연습보다는 전시회에 참여하거나 공모전에 출품하는 등의 구체적인 도전이 캘리그라피를 성장시킨다. 가까운 장래에 성취할 수 있는 목표를 가지고 캘리그라피에 즐겁게 임해 보자.

내가 처음 참여한 전시회는 캘리그라피를 배우던 학원에서 주최하는 회원전이었다. 작품전시를 하게 되면 작품을 중간 중간 강사에게 확인을 받고 작품이 완성되면 배접, 즉 화선지에 화선지를 한 장 덧대는 작업을 해서 작품집이라고 하는 도록에 들어갈 사진을 찍는다. 도록과 전시포스터를 인쇄해서 홍보하고 전시일 전날 전시장에 작품을 설치, 그리고 오픈식을 하는 일련의 과정을 경험할 수 있었다.

몇 해 전에는 나의 선생님이 서예문인화대전에 출품을 권유하였다. 처음이다 보니 어떻게 작업해야 할지 몰라 고민만 하고 선뜻 대답을 하지 못하자 경험 삼아 나가보라고 용기를 주셨다. 특별한 아이디어가 떠오르지 않아 연습하면서 모아두었던 화선지를 꺼내보다가 순간 영감이 떠올랐고 그것으로 작품을 완성하였다. 그리고 '특선'이라는 감사한 결과를 통보받았다. 이듬해에는 '삼체상'도 받았다.

우리는 실수가 두려워 도전에 겁먹고 있는 건 아닌지 모르겠다. 큰맘 먹고 도전하려다가도 가만이 있는 것이 낫다는 말에 설득당하기도 한다. 내가 늘 설득당했던 것처럼. 이제는 내가 설득을 하려고 한다. 실수를 하면서 깨닫게 되는 것들이 나만의 비법이 되고, 맹렬한 연습 속에서 우연히 발견하는 것이 노하우가 되기도 한다. 이런 것들을 잘 챙겨놓으면 나만의 포트폴리오가 된다. 매일 연습을 하고 마지막에는 그날 연습한 캘리그라피를 작품으로 남겨놓는 습관을 들이자. 대부분은 연습한 화선지를 바로 휴지통으로 보내는 경우가 많은데 시간이 지나서 다시 뒤적여 보면 참신한 영감을 발견하기도 할 것이다. 어떤 영감이 필요할 때 무심코 꺼내보면 예상치 못한 느낌이 '훅' 하고 순식간에 꽂히기도 하는 것이다.

3살, 7살 두 남자아이를 키우면서 일을 하고 있는 유경 씨는 주말부부다. 퇴근 후 자신만의 시간이 너무 절실한 그녀는 화요일 저녁에 베이비시터에게 자녀들을 맡기고 숨차게 수업을 들으러 온다. 현실적으로 여건이 안 되지만 어떻게 해서든 해보려 하는 노력이 안쓰러웠다. 그녀는 자신이 쓴 캘리그라피를 액자를 선물로 받은 지인의 표정에서 자신의 진심을 읽고 있다는 것을 깨달았다고 한다. 진심이 전달되는 캘리그라피의 힘이 그녀가 지속할 수 있도록 해주는 것이다. 캘리그라피를 바라보며 진지한 고민을 하고 있는 그녀에게 건네고 싶은 말이 있다. 이 좁고 거친 길은 머지않아 찬란한 대로가 될 것이라고.

뷰티풀 vs 원더풀

얼마 전 인도네시아 현지에 있는 한 회사 직원들에게 2년동안 한글을 지도한 경험이 있는 수강생이 등록하였다. 그녀는 한글을 가르치면서 한글이 아름다운 글씨라는 것을 깨닫고 한글을 멋스럽게 쓸 수 있는 캘리그라피에 꽂혀서 붓을 잡게 되었다. 한국에 있는 동안 부지런히 배워서 다시 외국에 나가면 더 자신 있게 한글을 소개하고 싶다고 덧붙였다. 그 수강생 덕분에 한국 문화를 한글캘리그라피로 더 아름답게 접근할 수 있겠다는 생각이 들어 전통서체를 공부하고 있다. 한글의 위상을 캘리그라피로 더 높이고 싶다는 욕심을 가지고서 말이다.

한글캘리그라피는 서예를 기반으로 시작되었고, 서예의 재료와 붓의 운필법에 상업적인 독특함을 더하며 성장했다. 이미 독특한 획과 글꼴들이 많이 나와 있다 보니 전통서체인 판본체와 궁체에 대해서도 관심을 가지게 되었다. 목판에 새겨 찍어낸 것을 판본체라고 하는데, 가로선의 수평과 세로선의 수직으로 좌·우, 상·하의 대칭을 보이며 획의 굵기가 일정한 특징을 가지고 있다. 그래서 편안한 대칭을 이루는 구조를 보이며 획이 장중하고 튼실하다. 판본체에 획의 굵기나 길이의 변화를 준 캘리그라피가 많이 활용되고 있다.

궁에서 주로 썼던 궁체는 공간적으로나 구조적으로 가장 안정적이고 가독성이 좋은 서체이다. 궁에 있던 궁녀들이 쓰게 되면서 여성스러운 느낌과 질서정연한 규칙을 보여주는데, 정자체, 흘림체 그리고 진흘림체로 구분되는 궁체를 먼저 배우고 캘리그라피를 배우러 오는 사람들은 그 격식에서 벗어나기를 어려워하기도 한다.

그리고 일반 백성들이 쓰는 민체가 있다. 서민들의 생활 속에서 형성된 독창적인 서체여서 권위나 격식 없는 자신만의 자유로운 필체를 볼 수 있다. 꾸미지 않은 자연스러운 조형성을 엿볼 수 있어서 좋은 캘리그라피의 자료로 활용도가 크다. 민체에서 영감을 받아 작업하는 작가들 역시 적지 않다. 특히 민체에는 규칙적이지 않은 다양성과 재미있는 표정들이 가득하다. 획일화되지 않은 민체만의 멋을 배워가다 보면 자석에 끌려 나오듯 나만의 한 획이 끌려나오게 될지도 모를 일이다.

민체에서 배운 획을 공모전에 적극 활용한 적이 있다. 2014년도 서울디자인재단에서 실시한 제2회 서울상징기념품공모전에 서울상징을 나타내는 기념품디자인의 '서울' 글자를 궁의 모양으로 디자인한 에코백이 1차를 통과했다. 디자인에 '디'자도 모르던 시절 열정만으로 도전해서 1차를 통과했다는 것만으로도 스스로에게 격려가 되었다. 2차는

청와대 사랑채, 서울시청 시민청 그리고 동대문 디자인플라자에서 3차례 시민심사로 이뤄졌다. 시민들이 붙이는 스티커로 결정되는 심사에서 디자인상품을 전문으로 하는 팀이나 업체를 이기기에는 턱없이 부족한 개인임을 실감했다. 실망을 실패로 여기지 않는다면 멋진 경험이 될 수 있다.

나는 전통서체에 관심을 가지고 다양한 붓으로 연습하면서 자형을 하나하나 뜯어 재조합하기도 한다. 처음 캘리그라피를 시작할 때는 멋부려 쓰면 캘리그라피스럽다고 생각했던 적이 있었다. 하지만 지금은 캘리그라피를 계속 하면서 생긴 관찰력을 통해 발견한 전통서체의 획을 어떻게 캘리그라피에 유연하게 접목시킬 수 있을까를 고민하고 있다. 그 고민으로 얻어진 자신감은 단지 의뢰받은 글씨를 쓰는 것뿐만 아니라 기업워크샵, 대량의 단체기념물 그리고 창업에 대한 컨설팅과 강연에까지 이어지고 있다. 최근에는 서울을 여행하는 관광객들에게 차별화된 체험을 공유하는 Airbnb trip 호스트로도 활동중이다.

관상어 중에 코이라는 물고기가 있다. 이 물고기는 아주 특이한 점이 있는데, 작은 어항에 기르면 5~8㎝밖에 자라지 않지만, 커다란 수족관이나 연못에 넣어두면 15~25㎝까지 자란다. 그리고 강물에 풀어놓으면 90~120cm까지 훌쩍 성장하게 된다. 참 신기한 물고기임에 틀림없다. 어디에서 헤엄치며 자라는가에 따라 피라미가 될 수도, 대어가 될 수도 있는 것이다. 이를 '코이의 법칙'이라고 한다. 어떤 생각을 가지고 어느 곳에 실행의 손을 펼치느냐에 따라 엄청난 결과의 차이가 날 수 있다는 것을 가르쳐 준다. 나는 붓을 들고 광활한 캘리그라피라는 물에서 헤엄치는 법을 배워나가는 중이다.

스스로가 할 수 있는 캘리그라피의 다양성에 제한을 두지 말기 바란다. 캘리그라피를 하면서 한글에 더욱 관심을 갖고 궁체와 판본체를 따라 쓰며 획이 가지고 있는 힘을 고민하고 민체에서 자신만의 캘리그라피를 끌어내어 보자.

지금 할 수 없다고 앞으로도 할 수 없는 것이 아니다. 지인들 생일에 카드쓰기로 시작하자. 그러면서 조금씩 자신의 코이를 키워가면 된다. 사이즈가 커지면 주변에서 몰려오는 파도에도 요동치지 않는 자신만의 아름다운 비전이 생기게 된다. 물음표로 출발한 작은 시도가 당신을 뷰티풀하게 만들 것이고, 느낌표로 내린 결정이 원더풀한 캘리그라피로 드러날 것이다. 관심을 가지는 것만큼 알게 되고 쓰면서 성장하는 것이다.

당신이 ♥
만날
오늘을 응원
합니다

굵고 가늘고는 내가 정한다

캘리그라피가 업이 된 후로 짧은 생각을 간단하게 적으며 하루를 정리한다. 그리고 내일 입고 나갈 옷을 침대에 누워서 미리 생각하는 습관이 생겼다. 미리 꺼내서 맞춰 놓기도 한다. 미리 정해 놓지 않으면 분주한 아침 시간이 더 정신없어지기 때문이다. 나는 수업에 참여하는 연령대에 따라서 의상을 조금씩 달리 해서 입는다. 학생들의 수업일 경우에는 내가 재료를 세팅해 주어야 하는 경우가 많기도 하고 아이들에게 친근하게 다가가기 위해 가벼운 캐주얼을 자주 입는다. 그리고 30~40대 여성수강생들이 많은 수업에는 너무 딱딱하지 않은 세미정장을 즐겨 입는다. 컨설팅이나 직장인들 대상의 특강에는 최대한 격식 있는 차림새를 하고 나선다. 이웃집에 마실 가듯한 복장으로 나가는 것은 배우러 나온 사람들에 대한 예의가 아니다. 별 것 아닌 것 같지만 나의 하루를 디자인하는 시작이며, 입는 의상에서부터 나의 강의준비는 시작된다고 볼 수 있다.

대상과 일정에 따라 의상을 준비하는 것이 하루의 시작이라면 캘리그라피의 시작은 역시나 첫 획일 것이다. 획은 쓰고자 하는 문구의 내용과 표현하려고 하는 작가의 의도에 따라 달라진다. 캘리그라피에 있어 획의 중요성은 앞에서도 언급했지만 어떤 획으로 쓰느냐에 따라 전달되는 느낌이 달라진다. 굵은 획으로 쓰면 신뢰와 도전이 보이고, 가는 획은 여린 마음과 가벼운 마음이 잘 전달된다. 선택되는 획의 굵기는 수백 번의 연습을 통해 결정된다. 매일 얼굴을 단정하게 매만지듯이 자신의 획을 다듬고 생기를 불어넣어주어야 하는 것은 획의 결정권을 가진 작가로서의 당연한 습관일 것이다.

인생에 대한 결정권은 어떤가. 그간의 경력이 어떻든간에 백세를 살아가야 하는 서른과 마흔의 시간을 넘긴 우리는 자녀들의 진로 고민만큼 자신의 진로를 고민해야 할 때이다.

혼자서 밥 먹고 혼자서 하는 쇼핑을 진작부터 즐겼던 나는 자신을 표현하는 데는 익숙하지 못했다. 그런 나에게 자존감을 올려주었던 것이 바로 캘리그라피였다. 더구나 강연을 하고 잡지 인터뷰를 하고 책을 출간하게 되리라고는 꿈도 꾸지 못했다. 캘리그라피가 어떻게 내 인생 후반에 반전을 이뤄줬는지 그 과정을 소개해 보겠다.

가장 먼저 나만이 알고 있는 나의 솔직한 모습을 만나게 해주었다. 성형외과에 가면 수술 전 사진을 찍고 어떻게 변화될지 얼굴에 표시를 한다. 어디를 어떻게 고치고 싶은지 정직하게 표현해야 한다. 마찬가지로 정직한 내면의 소리를 듣고 어떤 모습으로 살고 싶은지를 분명하게 깨달아야 한다. 그 누구에게도 말하지 않았지만 나만이 알고 있는 내면의 소리를 캘리그라피를 쓰면서 많이 듣게 되었다. 획을 연습하면서 나에게 전하고 싶은 말들을 쏟아내었고, 먹을 갈면서 깊은 내면에 억눌러 놓았던 감정들이 풀어지는 경험을 하였다. 그리고 마음이 하는 소리를 화선지 위에 획으로 드러냈다. 과거에 대한 후회와 현재에 대한 조급함 그리고 미래에 대한 불안함, 분노와 시기심 그리고 두려움이 가지고 있는 어두운 감정들을 붓끝을 통해 내면에서 빼내는 과정을 지났다. 잘 쓰고 못 쓰고를 떠나 획 자체는 중요하지 않았다. 붓을 잡고 쓰고 있는 자체가 위로가 되며 너덜거리던 감정들이 떨어져 나가는 마음을 청소하는 과정이었다.

캘리그라피의 많은 획을 긋고 있다 보니 변덕스럽던 감정에 서서히 변화가 찾아왔다. 외부에서 일어나는 크고 작은 일에 크게 요동치지 않게 되었고, 미래에 대한 불안함에 시달리지 않게 되었다. 그리고 현재의 순간에 집중할 수 있게 되었다.

나에게는 나의 재능을 발견해 주지 못한 것과 부족했던 부분들을 적극적으로 채워주지 않은 부모에 대한 원망이 오래 남아 있었다. 경제적인 여유가 있었음에도 나에게 보여주지 않은 관심에 대한 서운함이었다. 그러한 원망과 서운함까지 씻어내준 것이 캘리그라피였다. 내 마음이 편안해지고 나니 타인에게도 너그러울 수 있었으며 '그럴 수도 있었겠다.'며 찌꺼기같은 감정은 삭제되어 갔다.

나는 여전히 살갑게 애교스러운 사람은 아니다. 캘리그라피도 없던 애교를 만들어 주지는 못했다. 그러나 풀어내려고 했지만 풀리지 않던 사람과의 불편한 관계는 마음에서 먼저 풀어지고 느슨해졌다. 정말 놀라운 변화가 아닐 수 없다. 아이와의 관계 회복을 위해서 들었던 다양한 부모강의는 머리로는 이해가 되었지만 마음이 움직이지 않으니 큰 효과가 없었다. 그런데 캘리그라피를 쓰고부터는 저절로 힐링이 되었고, 즐거운 마음을 회복해 주었다.

"나의 농구는 항상 남들보다 뒤쳐져 있었다. 어린 시절 친구들은 체육관에서 훈련을 할 때 나는 바깥에 있는 휘어진 골대에 슛을 던졌다. 친구들이 코치에게 배워갈 때 나는 형과 1대 1 시합을 했고 언제나 형에게 졌으며 첫 농구부 시험에도 떨어졌다. 하지만 형에게 진날도 시험에 떨어진 날도 나는 평소처럼 슛을 던졌다. 왜냐면 농구가 즐거웠으니까. 날 떨어뜨린 그 코치의 말처럼 농구기술은 전혀 알지 못했지만 농구가 얼마나 즐거운지는 알았기 때문에 계속 슛을 던졌다. 내겐 그 실패조차도 즐거웠으니까. 배우는 것에 집착하다 즐기는 법을 잃어가지 마라. 부디 늦게 배워라. 아니 부디 먼저 즐겨라. 남보다 즐길 줄 아는 너는 실패 따윈 보이지도 않을 테니까"

미국 역사상 가장 위대한 농구선수인 마이클 조던이 한 말이다.

나는 돌고 돌아 마흔 넘어 선택한 캘리그라피가 마이클 조던의 농구처럼 즐거웠다. 획이 휘어지고 흔들리고 갈라지는데도 좋았다. 못하니까 배워가며 조금씩 실력이 늘어가는 재미도 있었다. 나는 매일 캘리그라피가 주는 즐거움의 비밀을 잃지 않기 위해서 남은 날들 중 가장 젊은 획을 매일 아침마다 그으며 처음 만나는 오늘 하루를 어떻게 살지를 결정하고 있다.

　여자들이 머리에 변화를 주는 것이 심경의 변화를 대변하는 경우가 종종 있다. 긴 머리일 때는 짧고 세련된 머리스타일을 동경하고 컷트 스타일을 하고 있다면 긴 생머리에 대한 로망을 가지게 된다. 지겨움에 대한 변화의 수단이 될 수도 있고 다짐의 의지를 헤어스타일로 보여주기도 한다. 나 역시 4~5년마다 짧은 컷트와 긴 머리를 오가며 지냈다. 짧은커트에서 머리를 기를 때 가장 힘든 구간이 목 부분에 머무는 길이, 머리카락이 뒤집어지기 쉬운 지저분한 상태의 길이라고 해서 단발거지존이라고도 한다. 그 지저분하고 어정쩡한 길이가 되면 갈등은 최고조가 된다. 참지 못하고 자른다면 다시 긴 머리를 하기 힘들다고 보아도 좋다. 그러나 그 지저분한 머리를 고무줄로 묶어나 헤어핀으로 적당히 고정하면서 그 힘든 거지존을 지나가면 다시 찰랑거리는 헤어스타일을 연출할 수 있게 된다.

　누구나 부스스하고 단정하지 않은 모습으로 비칠 때가 있기 마련이다. 그 지점을 헤어스타일에서는 거지존이라고 하고 성장단계에서는 침체기라고 하며, 인간관계에서는 권태기, 운동에서는 슬럼프라고 한다. 자르고 싶고 멈추고 싶은, 찰랑거릴 수 있음을 포기하고 싶은 그 순간을 이겨낼 수 있는 자신만의 힘이 있어야 한다. 때론 굵은 획으로 화끈하게, 가끔은 가는 획으로 상큼하게 스타일링 할 수 있는 결정권이 당신에게 있다.

당신의 남은 인생도 마찬가지다. 가는 획으로 잔잔한 파동을 가볍게 넘어서기도 하고, 굵은 획으로 방패막이 삼아 세찬 바람을 견딜 수 있다.

의상의 선택은 외면의 나를 돋보이게 하는 것이라면 캘리그라피는 내면의 나를 변화시키는 비밀의 힘을 가지고 있다. 나는 당신을 행복하게 만들어 줄 수는 없다. 그러나 행복해지는 길은 알려줄 수 있다.

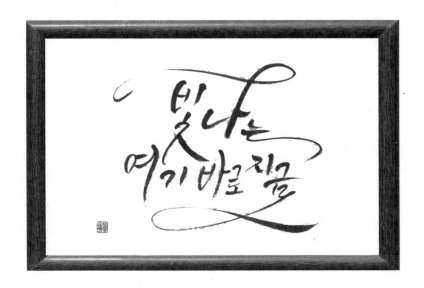

적어도 커피 값보다는 많이 써라

디자인이 경쟁력인 시대를 살아가고 있다. 하루에도 수백 개의 상품이 각각의 새로운 디자이너의 손끝에서 쏟아져 나온다. 돋보이는 디자인의 상품에 손이 머문다. 그래서 기업들은 마음을 끌어당기는 디자인에 집중 투자를 한다. 그런데 우리는 자신을 디자인 하는 데는 인색한 것 같다. 나 역시 그랬다. 변화보다는 익숙한 일상이 편했다. 짜릿함이나 두근거리는 감정을 잊고 지냈다. 그러나 편하다고 하는 익숙함에 기대어 남은 날들을 지금의 고집스러운 모습으로 무기력하게 보내기에는 우리는 젊고 남은 시간은 길다.

지금 살고 있는 아파트에 이사 온 지 10년이 넘다보니 집안의 조명과 벽지를 새롭게 바꾸게 되었다. 전체적으로 변화를 주고 싶었지만 비용이 부담스러워 일단 실내에 들어서면 가장 먼저 눈에 띄는 벽지와 조명을 선택했고 효과는 기대이상이었다. 이렇게 공간을 새롭게 꾸미기 위해서는 적절한 비용을 들어야 한다. 단 한 번뿐인 자신의 인생을 새롭게 디자인하는 데 비용이 요구되는 것은 당연하다. 금전이든 시간이든 노력이든 투자를 해야 한다.

이제 자신에게 하루에 커피 한 잔 가격만큼의 투자를 해보자. 커피한 잔의 평균비용을 3천 원으로 잡으면 한 달에 대략 9만원이 된다. 보통 기관이나 문화센터에서 배우는 비용이 석달에 6만 원에서 9만 원 사이다. 한 달로 따지면 2만 원에서 3만원 사이니 필요한 재료도 준비할 수 있는 금액이다. 한 달 9만원으로 자신을 위한 자격증을 준비하자. 이것을 자신에게 증정하는 자격증이라고 이름 지어본다.

당신이 캘리그라피로 내일을 꿈꾸고 있다면 결단 있는 실행자가 되어야 한다. 캘리그라피는 다양한 소재로도 써보고 다양한 크기의 붓을 사용해 보는 것이 필요하다. 처음엔 비용적인 부분이 고민이 될 것이다. 우선 이것은 9만원에서 남는 비용으로 쓰면 된다.

글씨가 잘 안 써질 때는 도구 탓을 할 수도 있다. 오래 썼거나 저렴한 붓이라면 비용을 조금 더 들여 좋은 붓으로 교체해 보기도 하자. 때론 커피 값으로 쓰는 것보다 더 의미있는 소비가 될 것이다. 좋은 도구를 사용해서 작업한 캘리그라피에는 커피의 유혹과는 다른 매력의 만족감을 줄 수 있다. 한 달 커피 값으로 캘리그라피에 필요한 재료에 외에 살짝 비싼 도구를 구입하는 소소한 즐거움도 포함시킬 수 있다. 물론 저렴하다고 무조건 나쁜 것이 아니고 비싸다고 모든 것이 훌륭한 것은 아니다. 그러나 가격에 맞는 격은 분명 존재한다.

그리고 강사나 주문제작 등으로 경제활동을 이어나가고 싶어하는 사람들은 더욱 꾸준한 연습뿐 아니라 캘리그라피를 확장시킬 수 있는 지속적인 교육과 전시 참여에도 관심을 가지기를 당부한다.

요즘 아파트 놀이터는 모래 대신 폐타이어를 이용해 아이들이 다치지 않게 만들어 놓았다. 출근길에 놀이터를 지나다 보면 그 답답한 폐타이어 바닥을 뚫고 나온 꽃들을 보면서 그 꽃들의 의지에 박수를 치게 된다. 결국 우리는 꽃보다 약한 의지 때문에 답답하게 가로막힌 문 손잡이를 잡은 채 열어젖히지 못하고 있는 것은 아닐까.

내가 근무하던 광교지점은 점심시간을 이용해 을지로에 있는 백화점에 쇼핑하러 갈 수 있는 거리에 있었다. 마네킹이 입고 서 있는 옷을 보면 폼 나게 쇼핑을 하던 시절이 내게도 있었다. 그러나 엄마가 되고 남편의 외벌이로 살림을 해야 하는 주부가 되면서 서 있는 옷을 쇼핑한 기억이 없다. 늘 누워있는 착한 가격의 옷들 사이에서 폼 나지 않은 쇼핑마저도 맘껏 즐기지 못했다. 그러는 동안 나에 대한 인색함이 타인에게로 확대되어 가는 것을 보면서, 어느 순간 우울하고 무기력한 상태로 빠져들었다. 자녀에게서도 남편에게서도 벗어나 온전한 나로 살고 싶은 강한 욕구가 답답한 새장에서 나오게 했다. 그래서 나를 위한 소비로 선택한 것이 캘리그라피였다. 그 소비는 여전히 진행 중이다. 소비라기보다는 나를 살리는 투자인 셈이다.

영국 런던대학의 편햄교수가 인간의 감정이 소비와 어떤 연관이 있는지를 조사했다. 결과는 불안, 우울 그리고 화가 났을 때 소비심리는 상승한다고 한다. 즉 불안이나 우울한 감정이 마음에 상실감과 공허함을 만들게 되고 그 빈자리를 채우려는 행동이 나타나는데 그것이 소비라는 행동으로 이어진다는 것을 한 방송프로그램에서 본 적이 있다.

덧붙여 물질소비를 함으로서 불안하고 불편한 감정에서 벗어나오려 한다는 것이다. 그런데 물질소비보다는 경험소비, 즉 여행이나 문화나 예술적 체험 같은 소비가 삶을 풍요롭게 하고 소비에 대한 만족도가 더 올라간다고 설명했다.

캘리그라피로 예술적 체험소비를 해보라. 분명 지루하고 권태스러웠던 하루의 틈 속에 작은 씨앗이 되어줄 것이다. 이제 싹을 틔어 피어난 꽃이 당신의 식탁 위에서 향기를 은은하게 펼쳐질 것이다.

또한 스스로를 계발하기 위한 투자에 인색하지 말자. 나는 필요하다면 고가의 비용이라도 망설이지 않는다. 전통서예를 배우는 것도 그렇고 전각수업을 듣는 것도 역시 마찬가지였다. 캘리그라피를 배우게 되면서 인연을 맺었던 선생님께 아직도 배움을 이어가고 있다. 이미 많이 대중화되고 익숙해져 있는 캘리그라피에 새로운 글씨체를 찾기 위한 노력이고 나의 캘리그라피를 숙성시키며 채워가는 과정이다.이미 전통서체에서 캘리그라피의 새로운 획을 연구해야 할 시기에 접어들었다라고 생각한다. 그래서 전통서체를 배우고 연습하면서 캘리그라피와 융합할 수 있는 획을 찾으려고 고민하고 있는 것이다.

웨인 다이어는《행복한 이기주의자》에서 자신을 사랑하는 것을 뒤로 미루는 것은 오류라고 했다. 세상이 변화기를 바란다면 내가 변해야

하는 것이고 그 변화는 자신을 사랑하는 것으로 시작하는 것이라고 했
다. 과거의 무기력했던 자신의 꼬리표를 떼어내고 내 안의 진정한 자신
의 모습을 찾아가는 의미있는 실행방법을 책에서 설명하고 있다.

　빵을 만드는데 이스트를 지나치게 아끼면 발효되지 않는 맛없는
빵을 먹어야 한다. 소금을 지나치게 아껴 젓갈을 담으면 쉽게 상해 버려
야 할지 모른다. 이처럼 진정한 나를 찾아 나선 인생 여행에서 꼭 경험
하고 싶은 것을 만났다면 망설이지 말자. 옵션 투어에서 심쿵하는 풍경
을 보게 되는 법이다.

나도 손 관리 받고 싶어요!

겨울이 되면 더욱 건조해지기 때문에 보습제를 자주 발라준다.

외부에 노출이 되어 있기 때문에 겨울에는 장갑을 끼고 다니는 것이 좋다.

미온수로 씻고 에센스나 오일로 마사지를 해주면 좋다.

얼굴팩을 하듯 전용 팩을 사용하면 좋다.

여자의 나이를 속일 수 없는 부분이기도 하니 거칠어지지 않도록 신경 써라.

　겨울철 손 관리를 하는 방법이다. 내 손은 몹시 거칠고 푸석거린다. 크게 내세울 외모는 아니지만 유독 자신 없는 부분이 손이다. 매니큐어를 발라도 반지를 껴도 폼이 나지 않아서인지 예쁜 손을 가진 사람을 좋아한다. 그래서 사람을 만나게 되면 가장 먼저 살펴보는 부분이 바로 손이다. 은행에서 근무할 때는 돈을 만지다 보니 자주 손을 씻어야 했지만 보습에 그다지 신경을 쓰지 않았다. 젊어서 그랬는지 보습제를 가지고 다닌 기억은 없다. 그러다 육아와 집안일을 하게 되면서 수시로 씻고 헹구다 보니 보습제를 바를 겨를도, 크림이 스며들기를 기다릴 시간도 없었다. 주부와 양육을 동시에 해본 경험이 있는 사람은 공감할 것이다. 나무의 나이테처럼 거친 줄이 보이기 시작했고, 다양한 공예에 사용하는 마감재를 거침없이 바르다 보니 손은 더욱 거칠어져 갔다.

손은 제2의 얼굴이라고도 하는데 어느 날 수강생들 앞에서 붓을 잡은 손이 어찌나 거칠고 볼품 없던지. 그 뒤로 핸드크림을 가방마다 넣어 다니면서 부지런히 발라주고 있지만 건조한 겨울에는 핸드크림이 제 능력을 발휘하지 못하는 듯하다.

손은 다른 신체보다 더 다양한 행동을 할 수 있는 부분이다. 비언어적 표현에서도 꽤 많은 역할을 한다. 나도 우아한 손으로 붓을 잡고 싶지만 먹물 사용이 대부분인 캘리그라피 작업을 하다보면 손과 손톱 옆에 묻히는 것은 다반사이고 먹물이 손톱 밑으로 들어가는 날이면 일주일 이상 열심히 문질러줘야 어느 정도 빠져나오게 된다. 먹물의 지속성이 가지는 장점이자 단점이다. 캘리그라피를 가르쳐 주던 선생님이 자주 네일아트를 받았던 이유도 여기에 있었나 보다. 싱글이었던 선생님은 데이트라도 할라치면 잘 지워지지 않는 먹물이 군데군데 묻은 손을 내밀기에 쉽지 않았을 것이다.

캘리그라피를 시작하면서 열 손톱 중 한두 개는 늘 먹물이 매니큐어처럼 손가락 주변에 자리하고 있다. 수업을 진행하면서 보이는 내 손이 부끄러웠다. 지금도 업무적으로 사람을 만나게 되면 손을 테이블 위에 잘 올려놓지 않는다.

지난 겨울에 캘리그라피 디자인 상품과 관련해서 친분이 있던 컨설팅 대표를 찾아간 적이 있다. 사업에 대해 질문과 대답을 주고받으면서 실제적으로 판매되고 있는 캘리그라피 상품을 책상 위에 올려놓고 제작과정과 수업진행에 대해 열심히 설명하는 도중에 "그래서 김 대표님의 손이 거치신 거군요." 하는 거다. 순간 동공이 흔들리면서 나를 부끄럽게 만든 손을 서둘러 책상 아래로 떨어뜨렸다. 그분은 당신의 손이 애썼다는 '그래서'가 주는 격려의 말을 했던 거지만, 자신 없는 나는 '그 손이 거칠다'로 귀에 꽂혔던 것이다.

얼마 전 거친 손으로 자신의 삶을 대변해 주는 사람을 신촌오거리에서 만났다. 내가 단골로 다니는 구두수선집의 주인이다. 지나가다 구두 뒷굽을 갈아야 해서 눈에 보이는 구두 수선 집에 들어갔다. 보통은 구두 굽만 갈아주는데 그분은 구두까지 깨끗하게 닦아주면서 구두에 맞는 관리법까지 친절하게 설명하는 모습에 단골이 되었다. 그래서 수선할 여러 켤레의 구두를 모았다가 일부러 찾아간다. 기다리는 동안 그분의 손을 보게 되었다. 무릎에 낡은 가죽조각을 둘러놓고 맨손으로 구두약을 묻히고 문지르는 반복적인 동작을 하다 보니 손톱 사이에 검정 구두약이 끼어있다. 손을 씻어도 깨끗하게 제거하기는 힘들어 보인다. 얼마나 자신의 일을 열심히 하며 살아왔는지를 고스란히 드러내는 그 손이 참으로 아름다워 보였다. 그 손은 자신이 하고 있는 일에 대한 정직한 수고를 보여준다. 연신 구두약을 찍으며 장인의 포스로 당당하게 닦고 문지르는 그 손이 내게 알려준다. 먹물이 손톱 밑에 퍼져 있는 손의 아름다움을 말이다.

몇 년 전 캘리그라피 전시회를 준
비하며 '짓다'라는 단어를 연습하게 되
었다. '짓다'는 재료를 가지고 옷, 밥, 집
따위를 만든다는 뜻이다. 만드는 작업
또한 손으로 하는 것이다. 밥을 짓고
옷을 지으며 그리고 집을 짓는 동안 '
정성'과 '진심'이 밖으로 퍼져나가게
된다. 요즘같이 공장에서 대량으로 제
조되는 도시락과 단 한사람을 위해 짓
는 밥과는 들어있는 의미가 다를 것이
다. 아랫목 이불속에 묻어두었다 꺼내
놓은 고슬고슬한 엄마의 밥이 어찌 쌀
과 물로만 지어졌다고 할 수 있겠는가.

굳은살 박힌 손으로 소중한 사람
을 위해 짓는 옷은 화려하지는 않지만
정갈한 모습으로 대우받기 원하는 소
망이 담겨져 있을 것이고, 투박한 손으
로 사랑하는 가족을 위해 짓는 집만큼
단단한 곳은 없을 것이다. 이 모든 것을
이루어낸 당신의 손은 자랑스럽다. '짓
다'는 것은 손으로 하는 기능적인 기술

과 경험하게 될 의미까지 담는 참으로 가치 있는 실행이 아닐 수 없다.

'인생에서 가장 긴 여정은 머리에서부터 손까지이다'라는 어떤 이의 말처럼, 머리로는 수백 가지의 아이디어를 내고 수천 개의 목표를 세워도 손이 행동하지 않으면 결코 이뤄낼 수 없다. 손이 행동하려면 마음이 움직여야 한다. 캘리그라퍼인 내게는 손이 마음이고 마음이 손이다.

이제는 더 이상 내 손이 부끄럽지 않다. 나의 거친 손은 부족한 능력을 채워주기 위한 노력을 게을리 하지 않았다고 당당하게 이야기 하고 있기 때문이다. 매일 붓을 들고 먹물을 찍어서 그어대는 획 속에서 눈치 없이 묻힌 먹물은 나에게 '참 잘 했어요'라는 붉은 도장처럼 여기저기 찍어준다. 그러니 부끄러운 손이 아니라 자랑스러운 손이며, 평생처음 받았던 네일아트보다 더 아름다운 가치를 지니고 있음을 알아가고 있다.

캘리는 DIY

작년 3월부터 한 고등학교에서 캘리그라피 수업을 진행하고 있다. 서울시 교육청에서 창의적인 도전과 체험을 통해 '스스로의 미래를 설계하게 하자'라는 취지로 2015년 첫 출발을 하고서 올해부터는 일반학교에서도 자유교양수업으로 시범운영하고 있는 학교 중 하나이다. 매주 화요일 일반 교과목 대신 22명의 고등학생이 캘리그라피를 쓰기 위해 붓을 잡고 있다. 나보다 키도 덩치도 큰 남학생들이 처음에는 약간 부담스러웠던 것이 사실이다. 붓을 들고 글씨를 쓰라 하면 쓰기는 할까를 걱정했다. 그런데 시간이 지나면서 큰 손으로 붓을 잡고 알려주는 대로 역입을 하는 게 아닌가. 이제는 수업 주제에 따라 써내야 할 과제를 자신의 생각대로 자유롭게 쓰게 되었다. 생각을 캘리그라피에 담아서 쓸 수 있게 된 것이다.

이 학생들이 캘리그라퍼가 되려고 하는 것은 아니다. 음악을 좋아해서 작곡을 하고 싶어하는 아이는 캘리그라피를 통해서 음악적인 감성을 더욱 깊이 있게 만들어 갈 것이고, 바리스타를 꿈꾸는 아이는 직접 로스팅한 감성커피를 내리게 될 것이다. 동물조련사를 꿈꾸는 반장은 캘리그라피의 따뜻한 마음으로 돌고래와 공감하지 않겠는가.

나는 아이들이 자발적으로 표현을 할 수 있도록 유도한다. 자신에게 해주고 싶은 말을 생각하게 하고 자신의 장점 찾아내어 적어보게 한다. 캘리그라피를 가르치는 것이 아니라 그들이 숨겨놓은 자신의 이야기를 끄집어낼 수 있는 통로로 삼고 있으며, 정리되지 못한 채 켜켜이 쌓여만 있는 마음도 꺼내볼 수 있게 도와준다. 캘리그라피로 행방불명되었던 아이들의 자존감을 세워주고, 스스로 날아갈 수 능력이 자신들에게 있다는 것을 알려주려고 노력한다. 아무것도 잘하는 것이 없다고 여기는 무기력한 태도에서 탈출할 수 있도록 의지를 심어주고 물을 주러 다니는 중이다.

혜정 님은 마포아트센터 야간반에서 캘리그라피를 배우고 있는 직장인이다. 문화예술교육에 관련된 직장에 다니는 그녀는 1년 가까이 캘리그라피를 배우며 자신만의 사생활을 매우 즐기고 있다. 그녀는 캘리그라피가 너무 좋아서 직장동료들에게 늘 말하고 다니다 보니 동료들 사이에서는 캘리문화전도사로 통한다고 했다. 그녀는 직장인이지만 취미로만 머물지 말고 엽서도 만들어 보고 카드로 선물하라는 강사의 적극적이고 긍정적인 기운이 자신에게로 전달되는 것이 좋다고 했다. 자신의 캘리그라피를 보면 엉성하고 부족한데도 강사인 내가 그녀에게 건네는 낯 뜨겁고 쑥스러운 칭찬을 듣기 위해 퇴근 후 휴식을 포기하고 온다고 했다. 잘했다는 칭찬이 그녀에게는 캘리그라피를 잘 하고 싶게 만드는 주문이 되어 자신의 실력을 늘게 했다고 말해 주었다. 아마도 그녀는 모를 것이다. 그녀의 이 말이 멈춤을 고민하는 나에게 얼마나 귀한 처방전이 되었는지를.

학교를 다녀오면 엄마가 하는 말은 "숙제부터 해놓고 놀아라!"다. 그렇게 12년을 했는데도 '미리'는 대부분 '미루기'에 밀리고 만다. 캘리그라피를 쓰다 보면 '잘 쓰고 싶다'는 욕구가 손으로 이동하기까지가 얼마나 어려운지 자주 경험한다. 휴대폰 갤러리에 언젠가는 써보리라 다짐하고 찍어 놓은 수백 장의 사진으로 휴대폰이 마비될 지경이다. 귀로 듣는 것으로, 보는 것으로는 실력이 늘지 않는다. 귀로 들은 것에 붓을 잡는 성실한 태도가 얹혀질 때 캘리그라피에 자신만의 색이 입혀지게 되고, 화선지 위에서 붓이 자주 놀아야 자주독립 캘리그라퍼가 될 수 있다.

새들 중 수명이 매우 긴 솔개는 70년에서 80년 정도를 살아가게 되는데 오래 살기 위해서는 반드시 스스로 해내야 하는 힘든 과정이 있다. 40년이 지나면 솔개의 부리는 구부러지고, 발톱은 닳아서 무뎌지며, 날개는 무거워져 날기가 힘들어진다. 그래서 솔개는 스스로 선택해야 한다. 그대로 살다 볼품 없이 죽든가 아니면 고통스러운 과정을 거쳐 새롭게 살아갈 것인가를. 새롭게 살기로 선택한 솔개는 바위산으로 올라가 자신의 구부러진 부리가 다 닳아 없어질 때까지 바위를 쪼아댄다. 그러고 나면 그 자리에 날렵하고 멋진 새 부리가 나오게 된다. 그리고 날렵한 부리로 발톱을 하나씩 뽑는다. 그래야 낡은 발톱의 자리에서 예리한 발톱이 나오기 때문이다. 다음으로는 그 부리로 무겁게 늘어진 깃털을 뽑아낸다. 솔개는 미루기 않고 힘든 고통의 과정을 거쳐 남은 40년을 새롭게 살아갈 준비를 스스로 해낸다. 이것이 우리가 남은 인생시즌2를 위한 'Do it yourself'를 미루지 말고 해야 하는 이유이다.

더 이상의 미루기는 사절해라. 오늘을 자신을 DIY 하는 첫날로 삼아보자.

지금부터 하필下筆 제대로 준비하기

"표 박사님, 잘 지내시나요?"

"그럼요. 대표님은 작업실 이사 잘 하셨어요? 전시회준비도 잘 되시죠?"

"네, 한 번 놀러 오셔야죠. 주문한 달력은 맘에 드시는지….

"그럼요. 받는 분들이 다 들 좋아하셨어요. 책은 어떻게 잘 진행되고 있으세요?"

작년에 서울산업진흥원에서 문화예술 콘텐츠전문 기획자 양성과정 수업을 함께 들었던 동갑내기 경영학 박사님은 내게 책을 쓸 수 있는 용기를 주신 첫 번째 분이다. 4개월을 함께 수업하면서 정확한 수치와 데이터로 나의 가능성을 응원해 주었고, 지금도 간간히 안부를 전한다. 통화를 끊기 전 책의 진행상활을 물으며 "일단 걸쳐놓기만 하면 다

하게 되어있다니까요!"라며 도전을 완성하려는 의지의 힘을 확인시켜
주었다.

   일단 시작만 하기만 하면 어떻게든 하게 되어 있다는 것은 경험에
서 나오는 말이다. 나 역시 그랬고, 수강생들에게 내가 하고 싶은 말이
기도 했다. 특히 사회에 재진입을 하고는 싶으나 도통 엄두나 나지 않
는 사람이라면 너무 깊은 고민에 빠지지 말고 자신이 하고 싶은 것에
슬쩍 걸쳐놓기만이라도 해보라고 충고한다. 가벼운 마음으로 심어놓
은 나무에서 뿌리가 어떻게 뻗어나가는지는 나중에 염려하기로 하자.
아무것도 할 수 없을 것 같은 나와 당신이 지금 붓을 잡았다는 것이 중
요하다.

   '하필下筆', 붓을 들어 글씨나 글을 쓰는 것을 의미한다. 붓으로 화선
지에 첫 획을 긋는 것을 '하필' 했다고 한다. 가벼우면서 편안하게 내려
놓은 획이 주는 즐거움이 방향과 속도보다 우선되었으면 좋겠다. 그것
이 하필을 제대로 하는 것이 아닐까.

   조용한 성격의 선아 님은 청소년수련관의 상담사이다. 캘리그라피
수업을 한 달을 넘기고 다양한 느낌으로 자기 이름을 써보며, 그중에서
가장 맘에 드는 이름에 대한 설명을 하도록 했다. 자신은 지금까지 외
유내강형으로 살아왔는데 앞으로는 외강내유가 되고 싶어서 첫 글자
를 강하게 쓴 이름을 골랐다고 했다. 상담사라는 직업이 너무 힘들어 풀
타임 근무 대신 시간제로 일을 하고 있는 그녀가 하루에도 몇 명씩 되
는 학생들의 이야기에 매몰되지 않고 빠져나올 출구로 선택한 것이 캘

리그라피였다. 그녀는 이제 강한 모습으로 새롭게 리셋하고 싶다고 한다. 캘리그라피 수업이 정말 기다려지고 이 수업이 일주일을 버틸 힘이 된다고 했다. 다른 사람의 마음을 보느라 정작 자신의 마음을 터칭하지 못했던 어제에 마침표를 찍고 싶다고 했다.

새로운 시작을 방해하는 가장 큰 요소는 결과에 집착하는 것이다. 물질적인 성과가 있어야 결과가 좋은 것이라는 기준을 가지고 있기 때문이다. 성과 이전에 발전하는 과정에서 얻어지는 경험과 실수가 주는 의미를 지나치게 과소평가하지 마라. 일단 시작을 해서 즐기고, 즐기다 보니 잘 하게 되는 것이다. 늦었다고 생각할 때가 적절한 때가 될 수가 있다. 그것을 결정짓는 것은 당신이 지금 품고 있는 열정의 온도이다.

미국의 어느 노인학교에 70대 노인이 있었다. 그의 일과는 그저 할 일 없이 멍하니 하늘만 쳐다보거나 옆에 앉은 노인과 이야기를 나누는 것이 전부였다. 어느 날 젊은 자원봉사자가 할아버지에게 다가와 말했다.

"할아버지, 그냥 그렇게 앉아 계시는 것보다 그림을 배워보면 좋을 것 같은데요?"

"이 나이에? 내가? 나는 붓을 잡을 줄도 몰라"

"그야 배우면 되지요."

"그러기엔 너무 늦었어. 나는 이미 일흔이 넘었는걸…"

젊은 자원봉사자는 할아버지에게 다시 말했다.

"제가 보기엔 할아버지의 연세가 문제가 아니라 할 수 없다고 생각하는 마음이 더 문제 같아요."

　젊은이의 말을 가만히 듣고 있던 할아버지는 결심했다. 그리고 바로 미술실을 찾아가서 그림을 배우기 시작했고 그림을 그리는 일이 생각했던 것보다 훨씬 즐거웠다. 풍부한 인생 경험으로 할아버지의 그림은 깊은 울림이 있었다. 이 새로운 일은 할아버지의 인생을 풍요롭게 해주었고, 이후 많은 사람의 격려와 응원 속에서 수많은 작품을 남겼다. 101살의 나이에 22번째 전시회로 삶의 아름다운 마무리를 지은 이 할아버지가 바로 '미국의 샤갈'이라 불리던 미술가 해리 리버맨이다.

　아직도 나이가 지금 하려는 일에 걸림돌이 된다고 여기고 있는가? 캘리그라피만큼 나이에 구애받지 않는 것도 없을 것이다. 그렇다고 비용이 많이 드는 것도 아니다. 화선지와 먹물 그리고 붓만 있다면 당신이 지금까지 살아온 엄청난 경험들을 붓끝으로 풀어낼 수 있다. 지금부터 붓을 제대로 잡기만 한다면 미술가 해리 리버맨보다 십년 일찍 전시회도 할 수 있을 것이고 캘리그라피로 당신의 인생에 상상하지 못했던 한 획을 긋는 일이 벌어질 수도 있다. 화선지에 먹물이 스며들 듯 당신의 진심이 캘리그라피에 스며드는 것을 보게 될 것이다.

　사람의 관계를 1에서 10까지로 나누고 가장 친밀한 관계를 10이라고 한다면 친밀지수가 4정도인 사람과의 전화통화 끝에는 '언제 밥 한 번 먹자'일 것이다. '언제'를 정확한 날로 정해 만나서 식사를 한 기억이 있는지 묻고 싶다. 만약 '언젠가는 캘리그라피를 배울 거야, 언젠가는 캘리그라피를 쓸 거야.'라고 한다면 아주 오랫동안 캘리그라피를 안할 확률이 굉장히 높다. 반대로 친밀지수가 매우 높은 9나 10에 해당하는 사람과는 바로 지금 만나러 가거나 정확한 날을 약속하게 된다.

내게 캘리그라피를 배우는 30, 40대 여성들 중에는 자녀들의 하교 시간이나 방학 때문에 수강을 계속 이어가고 싶으나 어쩔 수 없이 중단하는 경우가 적지 않다. 그때 하는 말이 "선생님, 다음에 꼭 배우러 올게요."이다. 단정 지을 수는 없지만 대부분을 붓을 놓게 된다. 재능이 있는데 그만두는 수강생을 보면 정말 안타깝다. 나는 혼자서라도 붓을 계속 잡고 연습하는 것이 중요하다고 두 손 잡고 당부하는 것을 잊지 않는다.

바람이 지나가는 공간을
인생캘리에 남겨라

시작하는 캘리그라피에는 검은 먹색에 집중한다. 번짐과 갈필에 실망하기도 한다. 붓에 먹물이 지나치게 많거나 한 지점에 붓이 오래 머무르면 번짐이 생기고 붓에 먹물이 부족하거나 먹물이 화선지에 닿기도 전에 진행하게 되는 속도 때문에 갈필이 생기게 된다. 쓰다보면 요령이 생기고 먹물을 조절하게 되니 염려하지 않아도 된다.

어느 정도 숙달되면 먹색과 함께 흰 여백이 눈에 들어오게 되는데, 여백이 캘리그라피에 있어서 바람이 지나가게 되는 공간이다. 조형미있는 캘리그라피를 원한다면 먹과 여백의 조화를 고민하기를 바란다. 인생에도 캘리에도 반드시 남겨놓으라, 바람오가는 자리.

작업실이 한남동에 있을 때 원데이 수업을 진행했었다. 오전 10시부터 오후1시까지 4명으로 진행하는 수업인데 수업하기 전날 문자가 한 통 왔다. 자신의 아이가 어린이집에서 1시에 오는데 1시에 끝나고 대방동까지 가는 것이 불가능하다며 혹시 9시부터 진행해 줄 수 없겠느냐고 물어온 것이다. 원데이 수업만이 주는 특별한 내용을 놓치고 싶지 않은 마음을 충분히 알겠고, 자녀의 하원을 책임져야 하는 두 가지 일을 얼마나 고심하며 맞춰보려고 애를 썼을까를 미루어 짐작할 수 있었다. 아이들의 등하원 시간을 피해가며 배움을 이어가려는 절실함을 누구보다 또렷이 기억하고 있기 때문에 다른 분들보다 먼저 수업을 시작할 수 있도록 1시간 일찍 나가서 수업을 진행했었다. 지금을 놓치고 싶지 않은 사람에게 지금이 주는 기회를 허락해 주고 싶었기 때문이다.

지금 이 순간을 놓치지 않고 사용하는 것은 의지의 문제이다. 수업과 주문 작업 그리고 책 쓰기까지, 무리라고 생각했었고 감당하지 못할 것 같은 압박도 컸었다. 그렇지만 불가능할 것 같았던 일들을 정리하고 배분해 가면서 '지금'이라는 사용가능한 시간을 만들어 낼 수 있었다. 시간이 부족했던 것이 아니라 새로운 일정이 끼어들면서 시간을 조정해야 하는 번거로움이 귀찮았던 것이다. 아주 작은 나비의 날갯짓이 큰 변화를 일으키는 나비효과가 나에게도 일어날 것이라는 믿음이 시작의 하필을 가능하게 한 것이리라.

'바로 여기 지금'이라는 물리적인 시공간에서 당장 할 수 있는 것을 시작하자. 인생에는 늦은 시간도 빠른 시간도 없다. 하지만 지금 이 순간을 그리고 오늘 하루를 어떻게 보내는가에 따라 인생의 노을빛이 달라진다. 지금 당장 큰 목표를 정하고 멈춤 없이 달려가라는 것이 아니다. 기회를 만들 수 있도록 걸쳐놓기라도 하라는 것이다. 캘리그라피로 걸쳐 놓은 한 획이 한 글자가 되고 한 문장으로 이어지며, 절대 할 수 없을 것 같은 일들을 꿋꿋하게 성취해내는 당신을 만나게 될 것이다.

"세상은 고통으로 가득차 있지만 그것을 이겨내는 일도 가득차 있다."고 한 핼런캘러의 말이 힘이 되는 하루다.

6장

열정을 붓筆고 감동을 먹墨다

꽃길아닌
내길을 걸으며

내가 캘리를 사랑할 수밖에 없는 이유

캘리그라피 상품으로 스탠드형 달력의 2월에는 '어느 길로 갈래, 꽃길, 꿈길, 눈길, 그리고 내길'이라는 글을 적었다. 1월은 시작하는 달이고, 3월 역시 입학 등 시작의 달이고, 중간에 낀 2월은 왠지 어영부영 버려지는 달인 듯해서 안타까웠다. 그래서 3월을 준비하면서 스스로에게 결정권을 허락하는 의미로 썼던 문구였다. 모두가 꽃길만 걷고 싶지, 먼지 날리는 자갈길을 누가 걷고 싶겠는가. 그러나 긴 인생길에는 일정 구간의 정해져 있어 누구나 한 번씩 거쳐 가게 되어있다는 말이 있다.

오래 이어지길 바랐던 꽃길은 기대보다 짧았고, 얼른 지나가길 바랐던 질퍽거리는 빗길을 오래도록 걸어 보기도 했다. 비포장길에서 잠시 서서 먼지가 지나가길 기다려보기도 했다. 언제쯤 이 불편한 길에서 벗어나 편안한 길로 접어들지가 관심사였다. 아마도 캘리그라피를 만날 즈음이 내 인생에서 가장 칙칙한 진흙길이었던 것 같다. 가장 험난했고 막다른 길에서 드디어 내 길이 보이기 시작했다.

그렇게 들어선 길에서 강사가 되고 작가가 되었으며 사업자가 되었다. 상품을 만들어 팔기 위해서는 먼저 상품을 기획해야 한다. 2014년도에는 캘리그라피가 인기를 얻으면서 머그컵과 에코백이 인기였다. 이미 나와 있는 아이템 말고 '필소굿캘리'만의 상품을 만들고 싶었다. 그래서 기획한 상품이 '텐스토리 액자'와 '캘리그라피 메시지 캔들 홀더'이다. 사랑하는 사람과의 소중한 이야기들을 라이프스토리로 이어갈 상품을 고민하다 캘리그라피와 사진을 주고 받으며 특별한 테마로 채워가는 텐스토리 액자가 탄생하였다.

아이가 태어났어요. 목을 힘을 팍팍. 뒤집기 성공했어요. 우리 아이 백일날. 첫 이빨이 톡톡. 기어가요. 혼자서 앉았어요. 이유식에 도전. 보행기 자동차 운전해요. 그림책 독서중. 드디어 첫돌….

첫돌 테마를 가지고 열 개의 작은 프레임에 미리 캘리그라피로 쓴다. 그리고 아이가 실제로 해당되는 행동을 실행하게 되면 사진을 찍은 뒤 출력해서 거기에 맞는 칸에 사진을 채우는 식이다. 꼭 1년을 기다려야 하는 것은 아니다. 주문하는 사람의 요청대로 첫돌잔치에 사용할 수 있다. 초음파 사진을 넣고서 임신에서부터 출생까지의 스토리를 담아도 된다. 결혼기념일을 주제로 할 수도 있고 연인들의 기념일을 중심으로 해도 좋다. 그리고 가운데 큰 프레임 안에는 캘리그라피로 중심 문구를 담아 감동의 텐스토리 액자를 시간차를 두며 완성해 나가는 것이다.

나의 이러한 재미있는 시도를 많은 사람들이 좋아해 주었다. 생각했던 것보다 더 다양한 의뢰가 들어와 놀랄 정도였다. 생일선물이나 결혼 선물, 결혼1주년 기념으로 아내 몰래 주문한 신랑도 있었다. 유치원 선생님에게 반 아이들의 사진과 감사의 편지를 액자에 담아서 선물한 사람도 있었고, 여행을 주제로 의뢰한 사람도 있었다. 고희를 맞이하는 시부모님의 생신 축하선물을 의뢰한 분과는 전화로 상의하며 많은 대화를 나눠 기억에 남는다. 그 경사스러운 자리에 캘리그라피로 쓴 액자가 즐거운 이야깃거리가 될 수 있으니 어찌 사랑하지 않을 수 있겠는가?

그리고 가장 애착을 느끼는 캘리그라피 메시지 캔들 홀더는 특허청에 디자인 등록까지 완료된 상품이다. 이중의 유리관 사이에 캘리그라피 메시지가 담긴 속지를 넣고 티라이트나 미니led초를 켜서 은은한 분위기를 연출할 수 있는 무드등 느낌의 인테리어 소품이다. 속지 교체가 가능하기 때문에 이벤트에 맞게 글씨를 써서 DIY할 수도 있다. 결혼 프로포즈를 준비하는 남성분이 주문하기도 하고 생일선물이나 집들이 선물로 선호도가 높다. 캘리그라피를 쓸 줄 아는 사람은 직접 써서 넣기도 한다.

내가 제작한 제품은 모두 캘리그라피를 좋아하는 마음에서 시작되었고, 주인공은 캘리그라피다. 캘리그라피 제품을 통해 누군가의 소중한 이야기에 기여할 수 있다는 것은 행복한 경험이다. 캘리그라피에 그러한 힘이 있다는 것을 알게 되면서 비전공자의 전문가를 꿈꾸고 있다.

우리는 글씨를 팔지 않습니다.
우리의 고객은 세상에서 하나뿐인 따뜻한 마음을 가진 당신입니다.
우리는 글씨로 전하는 감동을 선물합니다.

이것이 캘리그라피로 사업을 하는 나의 철학이다. 나는 오늘도 나를 감동시키는 하루를 살아가기 위해 무던히도 노력하고 있다. 내가 가진 것이 달콤함이면 달콤함을 나누고, 가진 것이 부드러움이면 부드러움을 전하게 되리라 믿는다. 그래서 캘리그라피를 배우는 사람들에게 캘리그라피 전시를 많이 보러 다니라고 권한다. 보는 눈이 높아지면 그 수준에 걸맞는 캘리그라피를 쓰고 싶어질 것이고, 그러자면 붓 잡은 손의 수준이 업그레이드되는 것은 당연하니까 말이다.

캘리그라피의 시작은 자신에 대한 사랑이었지만 캘리그라피를 할수록 그 사랑의 범위는 넓어진다. 가족에 대한 사랑, 오늘을 함께 살아가고 있는 당신에 대한, 그리고 삶에 대한 응원이다.

누구나 자신의 길을 가는 도중에 일어나는 이야기가 있고 그것은 남들과는 비교할 수 없는 아주 특별한 이야기이다. 당신이 붓을 잡고 한 획을 그을 준비를 하고 있다면 당신의 캘리그라피가 당신의 이야기를 더욱 특별하게 만들어줄 것이다.

저속으로 지속하라

　매년 4월이면 강의하는 센터의 대부분의 강의실은 무언가를 새롭게 시작하려는 주부들로 가득하다. 겨울방학이 끝나고 자녀들의 학교 생활이 안정기에 접어드는 이 계절이 그토록 기다리던 주부들의 방학이 되는 셈이다. 20명 정원으로 꽉 찬 강의실에는 고요한 열정으로 뜨겁다. 20명의 수강 이유를 대략적으로 나눠보면 3부류이다. 우아한 취미 생활을 하고 싶은 사람, 지금 하고 있는 일과 접목해서 자신의 영역을 확대해 나가고자 하는 사람, 그리고 경력단절을 끊어낼 목적으로 새로운 경력을 만들어가려는 사람들이다. 그리고 자녀의 나이가 9세, 즉 초등학교 2학년이 되는 시점이 가장 많다는 사실도 알 수 있었다.

　자녀가 1학년 때에는 학교에 적응할 때여서 시간을 빼내기란 절대 쉽지 않다. 그러다 2학년이 되면서 엄마들에게는 조금의 자유시간이 생기고, 맛집과 커피숍 순례로 보내는 친목모임 대신 자신이 하고 싶은 것을 찾는 배움의 순례 중에 나와 만나게 된다.

이 뜨거운 만남에서 기억나는 한 사람이 있다. 경혜 님 역시 작은 아이가 초등학교 2학년이 되었을 때 강의를 신청하였다. 아이를 학교에 보내고 처음 배우는 것이 캘리그라피였다. 붓을 잡은 지가 초등학교 이후 처음이라고 수줍게 말했지만 그녀는 정말 연습을 많이 해왔다. 처음에 잘 따라가지 못할까봐 걱정을 했는데 누구보다 성실하게 잘 따라와 주었다. 처음엔 한 획도 긋지 못하고 자신 없어 했지만 획에 힘이 생기게 되면서 조금씩 발전하는 모습이 보였다.

'연습만이 살 길'이라고 누누이 강조했던 것을 실행으로 옮긴 경혜 님은 1년을 꾸준하게 배우고 나서 자신만의 작은 목표를 만들어가고 있다. 그녀는 엄마가 열심히 하는 모습을 보여주는 것만으로도 자녀에게 교육이 되는 것 같다고 했다. 자신이 쓴 캘리그라피로 에코백을 만들고 머그컵을 만들어 가족들과 친구들에게 선물하면서 뿌듯하다고 했다. 주변의 인정을 받아서인지 얼굴에서도 자신감이 보인다. 그리고 얼마 전에는 캘리그라피 1급 자격증에도 도전했다는 소식을 들었다.

사람들의 생김새가 다르듯 캘리그라피의 서체 역시 쓰는 사람마다 다르다. 그리고 그 서체에서 받는 느낌도 사람마다 다르기 때문에 캘리그라피는 주관적인 느낌이 강한 활동이다. 그래서 잘 쓰는 캘리그라피가 있는 것이 아니라 내 마음에 드는 캘리그라피가 있는 것이다. 화선지에 먹물이 번지듯 자신의 노력과 정성이 서서히 자신의 마음에서 퍼져나가 표정으로까지 물들이게 되는 것이다.

이렇게 배우고 난 다음에는 진로에 대해 고민을 하게 되는데, 자기 계발로 캘리그라피를 배운 사람들뿐만 아니라 취미로 시작했던 사람들도 숙련된 획으로 캘리그라피를 쓰게 되면 더 성장하고 싶어한다.

지금까지 수강생들 중에 가장 나이가 많은 분으로 기억되는 81세의 김왕수 님은 따님과 함께 나왔다. 전통서예를 오래 써왔는데 붓으로 쓰는 또 다른 글씨가 있다고 해서 호기심에 배우게 되었다고 했다. 그분은 주로 궁서체 위주로 써왔던 터라 그 규칙에서 벗어나는 것을 몹시 힘들어했다. 그런데도 딸 같은 사람들의 글씨를 살펴보면서 규칙적인 획의 운필을 벗어내고 조금씩 자신만의 글씨체를 만들어 가고 있는 중이다. 겨우 석 달을 배우고서 글씨가 되네 안되네, 재능이 있네 없네 하며 불평스럽게 이야기하는 수강생들을 향해 어른신이 한 마디 하셨다.

"옛날로 치면 이건 글씨 같지 않은 글씨여. 근데 요즘은 다들 이런 글씨를 쓰니게 한 번 배우러 왔는데, 이것도 잘 쓸려면 오래 써야겠구면. 재능이 아니라 연습을 많이 허야 해. 그래야 전시도 할 수 있는겨. 1년 갖고는 택도 없어!"

아, 살아온만큼 글씨가 보이고 마음이 보이는구나. 그리고 어떻게 해야 잘 쓸 수 있는지도 알고 있었다. 글씨 같지 않은 글씨를 배우기 위해 3시간을 꼬박 앉아서 자신만의 느낌을 표현해 보라는 강사의 요구에 다양하게 그어보는 노장의 획! 그 자체로 충분히 멋진 캘리그라피였다. 결코 서두르지도 않고 멈추지도 않는 그 획에서 느리지만 어르신의 속도와 방법으로 반드시 완주하리라는 확신이 느껴졌다.

요즘엔 '소질이 있다'라는 말을 '금손'이라고 하고, 반대는 '곰손'이라고 한다. 요리에 있어 나는 곰손이다. 그래서 주방에서 나의 자신감은 현저히 떨어진다. 그런데 몇 년 전 스페인에서 상그리아를 처음 접하고 난 뒤 여름이 되면 적포도주에 각양의 과일과 레몬 그리고 탄산수를 넣어 상그리아를 만들었는데, 맛이 좋다는 칭찬에 매년 여름마다 담아서 마시고 있다. 주방에서의 곰손이 조금씩 금손으로 진화하며 주방에 머무는 시간이 서서히 늘어나게 되었다.

캘리그라피도 마찬가지이다. 누구나 처음에는 곰손이다. 곰손이 금손으로 넘어갈 수 있느냐는 자신이 금손이 될 때까지 지속하느냐 아니냐에 달려있다. 그것은 사람마다 달라서 조금 빨리 도달할 수도 있고 조금 느리게 도달할 수 있다. 중요한 것은 서두르다가 넘어져서 그 자리에 주저앉을 것이냐, 그렇지 않으면 천천히 자신의 속도로 지속하느냐일 것이다. 못하는 것이 부끄러운 게 아니라 포기하는 것이 부끄러운 것이다. 우리는 어르신보다 더 많은 시간을 가지고 있으면서도 말이다.

나는 컴퓨터 프로그램을 잘 다루지 못한다. 캘리그라피 고급수업에는 포토샵을 활용해서 작업한 글씨를 파일로 만드는 과정을 배운다. 화선지에 쓴 캘리그라피를 포토샵으로 편집해서 타이틀 작업을 하기도 하고, 먹색을 다양한 색으로 변환시켜 보기도 한다. 이러한 기능을 알고 있으면 엽서나 스티커 제작이 수월해진다.

캘리그라피는 손으로 쓰는 작업이니 컴퓨터를 쓸 일은 전혀 없을 거라 생각했는데, 포토샵과 일러스트레이션을 다룰 줄 모르면 과제를 할 수가 없었다. 그래서 책을 사서 독학을 해가며, 모르는 것은 물어가며 천천히 배워갔다. 캘리그라피를 함께 배우던 동기생들 중에는 디자인 관련 일을 하던 사람이 많아서 15분이면 과제를 완성해서 제출하는데 나는 3시간을 꼬박 앉아있어야 과제를 제출할 수 있었다. 혼자 엽서를 만들어 보기도 하고 인쇄가 잘못 나오는 실수도 경험하며, 느리지만 조금씩 활용하는 툴을 익힐 수 있게 되었다.

요즘은 휴대폰으로 포토샵 기능을 할 수 있는 어플이 많아서 휴대폰 배경이미지에 자신이 작업한 캘리그라피를 넣어보는 수업도 진행하는데, 젊은층은 한 번 설명하면 금방 이해하고 따라오지만 40대 이상은 설명과 연습을 반복해야 완성할 수 있다. 이 수업이 가장 목이 많이 아픈 수업이기도 하다. 느리지만 함께 가기 위해 목소리를 높여 반복하는 설명에 지칠 수가 없다. 나는 캘리그라피 전도사니 말이다.

"선생님이 딸보나 나아요. 딸도 잘 안가르쳐 주는데 선생님께 배워서 아주 잘 써먹고 있어요." 하는 칭찬이 내 쉰 목소리에 최고의 회복제가 된다.

나는 느린 사람들과의 느린 동행을 오래 이어가고 싶다. 내가 지도하고 있는 학생들 중에 발달장애학생이 한 명 있다. 신부님이 되고 싶어하는 용규는 같은 말을 반복하는 버릇이 있고 이해하는 속도가 조금 느리다. 용규의 반복해서 하는 질문에 같은 대답을 하다 보니 공동수업을 하는 학생들을 봐줄 시간이 부족했다. 수업이 두 달째 접어들던 어느 날 어버이날을 기념하며 '엄마' 라는 주제로 캘리그라피를 써보는 시간을 가졌다. 엄마를 떠올리며 고마운 마음을 글씨로 적어보도록 했다. 이 날도 용규는 같은 말을 반복하며 수업을 잘 이해하지 못했다. 다른 학생들이 엄마에게 쓸 말들을 고민하는 동안 나는 용규 옆에 앉아서 이야기를 시작했다.

"용규는 엄마가 좋아?"

"네"

"용규는 엄마가 왜 좋아?"

"맛있는 밥을 해줘요"

"그렇구나, 그럼 그것을 쓰면 돼. 엄마 맛있는 밥을 해줘서 고맙습니다! 라고."

그러자 용규는 뭔가를 생각하더니 다시 말했다.

"엄마는 나를 매일 학교에 데려다줘요."

그리고 용규는 엄마에게 보내는 카드에 이렇게 적으며 자신의 엄마를 소개했다.

**나를 매일 데려다 주는 엄마. 우리 엄마는 좋아요. 감사해요. 사랑
해요.**

다른 학생들보다 이해하는 속도도 느리고 글씨를 쓰는 것도 느렸지만 자신의 엄마에 대한 마음을 정직하고 정성스럽게 적어서 완성했다. 느린 용규가 제출한 과제가 가장 많았다. "선생님, 이리 와보세요"를 매 수업시간마다 삼십 번 이상 불러 나를 옆에 앉게 만드는 용규, '느려서 더 사랑스러운 캘리그라퍼'라고 소개하고 싶다.

"중요한 것은 포기하지 않는 것이다. 더딘 것을 염려하지 말고 멈출 것을 염려하라."

　김난도 교수가 쓴《아프니까 청춘이다》에 나오는 한 구절이다. 청춘에게만 해당되는 말은 아니다. 인생의 긴 달음질을 하는 우리 모두에게 필요한 말이기도 하다.

　자녀가 스스로 설 수 있는 배움을 학교에서 하는 동안 엄마도 다시 시작할 준비를 해야 한다. 지금 당신이 쓰고 있는 캘리그라피가 당신의 업業으로 여겨진다면 다른 사람의 속도에 기죽지 마라. 100세 시대를 살아갈 당신에겐 아직도 충분한 시간이 있다. 우리에게 필요한 것은 금손이 아리라 움직이는 손이다. 멈추지 않고 오늘 할 수 있는만큼 움직이면 된다.

멈추지
않는다면 천천히
가도
상관없다

때론 썩은 먹물도 필요하다

　며칠 전 딸이 생일선물로 무엇을 받고 싶은지를 물었다. 평소 즐겨 바르는 브랜드의 립스틱과 새로운 브랜드의 신상 립스틱 중에서 고르라고 했다. 신상립스틱이 즐겨 바르던 립스틱보다 가격 면에서 비쌌다. 늘 바르던 립스틱을 선택할지 아니면 이번에 비싼 립스틱으로 바꿔볼지. 이럴 경우 대개는 일단 비싼 것을 선택한다고 한다. 나 역시 그랬다. 내 피부톤에 잘 맞아서 몇 년째 바르던 립스틱 대신 비싼 것이 훨씬 잘 어울릴 거라는 기대를 가지고 선택했지만, 그 신상립스틱은 한 번 바르고 딸에게 갔다. 곱디고운 레드계열의 립스틱은 나에게 어울리지 않았다.

　선택을 할 때는 자기의 기준이 있다. 나의 기준은 나와 잘 어울려야 하고 나답게 만들어 주는 것이었는데 욕심 때문에 기준을 무시해버린 것이다. 트렌드에 자신을 맞추느라 어색한 립스틱을 바르면 스스로도 생경할 뿐 아니라 보는 이도 생경하다. 나의 강점을 드러낼 수 있는 내게 맞는 브랜드를 선택하는 것이 중요하다. 나다운 것이 차별화의 무기가 되는 시대다.

　붓과 먹물이 캘리그라피의 주된 재료이기는 하지만 차별화된 느낌이나 분위기를 표현하기 위해 서예붓 이외에 다른 디자인 붓을 사용하기도 하고 나무젓가락, 면봉, 나뭇가지, 칫솔 등을 사용하기도 한다. 나무젓가락으로 쓰면 세련되고 도회적인 느낌을 낼 수 있고, 면봉은 몽실몽실한 분위기나 귀여운 느낌을 살리기 쉽다. 칫솔은 거친 미완의 느낌이나 진취적인 도전을 표현하기 위해 사용되기도 한다. 이러한 다양한 도구들 역시 캘리그라피로 표현하고 싶은 내용에 더 가깝게 다가가기 위한 노력인 셈이다.

　붓에만 다양한 시도를 하는 것은 아니다. 붓에 적시는 먹물에도 다양한 시도가 이뤄진다. 앞에서 살펴본 먹의 농묵, 중묵, 담묵의 삼묵법 표현도 이러한 먹의 활용의 한 방법이라고 설명한 바 있다. 이러한 발묵 외에 또 다른 먹물의 사용법이 있는데, 그것은 바로 썩은 먹물로 작업을 하는 것이다. 시판되는 먹물에는 방부제가 들어 있어서 잘 썩지 않는 반면 직접 간 먹물은 실온에 보관하면 잘 썩는다. 멀쩡한 먹물을 놔두고 썩은 먹물을 사용하려고 하는지 이해가 잘 안 될 수도 있다.

　먼저 썩은 먹물의 특징에 대해 알아보자. 썩은 먹물은 냄새가 고약하다. 강의실에서 작품구상을 위해 연습하는 한 수강생이 썩은 먹물로 쓰고 있으니 여기저기서 무슨 냄새냐고 묻기 일쑤다. 이런 고약한 냄새를 풍기는 썩은 먹물을 쓰는 이유는 썩은 먹물만이 가지고 있는 독특한 번짐의 매력을 알기 때문이다. 그래서 작품전시를 준비하거나 공모전을 준비하는 캘리그라퍼들은 썩은 먹물의 번짐을 활용해서 근사한 획을 표현하기도 한다. 썩은 먹물만이 지니고 있는 깊은 번짐과 묵직한 먹색을 캘리그라피에 적절하게 사용하기 위해서는 시간을 들여 준비해 놓아야 한다.

'오래 묵혔다'는 것은 낡았다는 것이 아니다. 올드하다는 것은 그 만큼의 성숙의 시간을 거쳤다는 뜻이고 숙성을 통해서 변화되었다는 것을 의미한다. 오래 시간을 지나왔기 때문에 낡아서 버려져야 되는 대상이 아니라, 속성으로 만들어지는 것과는 다른 묵직함과 깊이가 있는 것이다. 시간의 흐름을 잘 견뎌낸 나무의 나이테처럼 시간이 주는 자기만의 멋을 간직하고 있다. 오래 묵힘의 매력은 음식에도 많다. 오래 묵혀서 독특한 맛을 내는 홍어회를 좋아하는 사람이 많고, 묵히고 삭혀서 얻게 되는 김치 역시 그러하다.

일반 먹물의 번짐은 화선지 위에 경계가 자연스럽게 번져가는 것에 반해 썩은 먹물로 쓰게 되면 화선지에서 처음에는 비슷한 번짐을 보이다가 먹물이 마를수록 먹과 물의 뚜렷한 경계를 보이며 번져간다. 즉, 한 획의 가운데는 진한 먹색을 보이고 흐린 먹색이 그 진한먹색 주변을 둘러싸고 있는 모습이다. 강함과 약함이 한 획에서 보여지는 것이 신비스럽다.

종이 위에 한 번 획을 그으면 고칠 수 없는 먹물은 되돌릴 수는 없

는 우리의 인생과 닮아있다. 획 가운데 강하고 진한 번짐은 어려움을
이겨내는 힘으로 드러나고 획 가장자리로 퍼져가는 흐린 먹색의 부드
러운 번짐은 있는 힘껏 살아낸 이에게 보내는 위로의 어루만짐처럼 느
껴진다.

즉 썩은 먹물을 사용하는 이유는 그것이 가지고 있는 독특한 번짐
때문이다. 썩은 먹물로 작업하기에 어울리는 글씨를 의뢰받은 적이 있
다. 곧 결혼하는 아들을 위해 써달라며 아버님이 직접 방문해 상담을
받았다. 6가지의 내용이 들어있었는데 그 중에 있던 한 문장이 잊혀지
지 않는다.

세상사 그저 그렇게 그냥 되는 것은 하나도 없다. 가다가 보면 장애가 생기고 그 장애를 넘고 보면 또 장애가 있다. 그러나 그 장애는 나를 위해 있고 능력 있는 사람으로 키워주는 것이다. 땀 흘리지 않고 이뤄지는 것은 없다.

지금까지 살아온 날들이 당신의 썩은 먹물일 수 있다. 당신만의 경험으로 만들어 온 묵직하고 깊은 감성을 당신의 캘리그라피에 담아서 펼칠 때가 되었다. 누구나 쓰는 캘리그라피 말고 썩은 먹물처럼 당신만이 쓸 수 있는 캘리그라피를 써나가길 바란다.

나는 젊지 않다. 나다움을 찾기 위해 무수히 헤매는 과정에서 하나를 잃고 하나를 얻는 운명적 선택지가 캘리그라피였다. 나에게 맞는 립스틱을 옆에 두고 늘 바르는 것처럼 나는 붓을 가까이 두고 고민과 노력을 하고 있다. 썩은 먹물처럼 나만의 강점으로 쓰임을 받기 위해서 말이다.

썩은 먹물만이 가지고 있는 매력이 나와 당신에게도 분명이 있다. 우리를 주저앉히려는 갖가지의 장애물 앞에서 뒤돌아 가지만 않으면 그 매력을 발견하게 될 것이다.

●

인생의 Q, 캘리로 A

첫 번째 Q - 희망이 있긴 한가요?

중년남자배우 H씨와 그의 아들이 추운 겨울 12월에 블라디보스토크를 여행을 하는 방송을 우연히 보게 되었다. 두 명의 남자가 하는 여행은 예상대로 조용했다. (메뉴 선택할 때에 가장 많은 말을 했다.) 조용한 여행을 하는 중에 얼음낚시를 하는 노인을 만났는데, 그 시각이 오후 3시였다. 아침 10시부터 얼음 위에 작은 작은 구멍을 내고 앉아 잡은 물고기를 보여 달라고 하자 겨우 7㎝ 정도의 빙어 같은 물고기 한 마리를 보여주었다. 배우 H씨가 웃으면서 그 노인에게 물었다.

"5시간 동안 겨우 한 마리 잡았는데, 왜 아직 앉아있나요? 날도 추운데 돌아가시지."

나도 같은 생각이 들었다. 5시간동안 잡은 것이 단 한 마리뿐인데 그냥 집에 가서 쉬는 게 나을 것 같아 보였기 때문이다. 그런데 그의 대답이 놀라웠다.

"맨 마지막까지 희망이 있으니까요!" 하며 치아가 보이게 웃어 보인다. 순간, 정신이 번쩍 들었다. 그 짧은 대답 속에는 그 노인이 지금까지 어떤 자세로 살아왔는지가 파노라마처럼 펼쳐지며 삶에 대한 소중한 예의를 알려주었다.

우리는 필요로 할 때 호리병에서 나오는 지니와 같은 희망을 떠올리는 것은 아니었는지 묻고싶다. 희망은 한 곳에 가만히 있는 명사가 아니라 행동할 때 만나게 되는 동사라고 생각한다. 경력단절이여서 희망이 없는 것이 아니고, 경력단절이여서 안 될 것으로 단정 지음이 희망의 문고리를 잡지 못하게 하는 것은 아닐까? 문 앞에 서있는다고 안에 들어갈 수 있는 것이 아니다. 문을 밀거나 열어야 들어갈 수 있다. 희망으로 들어가려는 문 역시 밀든지 열어서 들어가야 한다. 그 노인이 미끼를 꽂은 낚싯대를 작은 얼음구멍 아래로 내리듯이 말이다. 더디 오는 것을 안 오는 것으로 착각하지 마라. 인생에 단박에 이뤄지는 것은 없다. 그저 오늘 할 수 있는 작은 일에 진심을 다하면 된다. 영하 40도의 추운 날씨에 밖에서 7~8시간을 앉아있어야 하는 일이 그 노인이 오늘 할 수 있는 최선의 작은 일인 것처럼 말이다.

캘리그라피에도 같은 원리가 숨어있는데 캘리그라피도 쉽게 바늘에 걸려들지 않는다. 강사가 원칙을 알려주고 기술적인 팁을 설명해주면 바로 글씨가 나올 것이라고 생각하지 마라. 캘리그라피는 규칙적이기 보다는 비규칙적인 부분이 더 많고 기술적인 팁보다는 지속적인 붓질에 더 많이 좌우된다. 쉽게 말해서 기본적인 획을 가지고 자신만의 붓을 다루는 법을 찾는 시간을 충분히 가져야 한다는 것이다. 다른 사람은 금방 잘 쓰는 것 같지만 그들도 당신을 보면서 똑같이 생각하고 있을 것이다. 매서운 시간을 버틴 자만이 희망을 망태기에 담아서 집으로 돌아가는 법이다.

두 번째 Q - 어려움에도 재미는 있다

처음 블로그를 시작했을 때 어떻게 만드는지도 몰랐고 포스팅을 어떻게 올려야 하는 건지도 몰라 더듬거리며 시작했다. 포스팅 하나를 하는데 2시간은 기본이었다. 이렇게 힘들고 번거로운 일을 누가 시켜서 마지못해 했다면 지금까지 하고 있지 않을 것이다. 지인은 그냥 돈을 주고 다른 사람에게 맡기라고 했다. 사실 맡기고 싶은 마음이 홍수처럼 넘쳤으나 그럴만한 재정적 여유가 없었다. 그래서 100일 프로젝트 캠페인에 참가에서 100일을 채우면서 조금씩 포스팅 시간은 줄어들었고 포스팅 유입수는 늘어갔다. 지금의 내 블로그는 자꾸 빌려달라고 하는 쪽지를 받을 정도가 되었다. 만약 내가 어렵다고 포기하거나 남의 손을 의존했다면 어떤 경로로 노출이 되는지 어떤 포스팅이 유입이 되었는지 파악도 못하는 의존적 블로거가 되었을 것이다. 어려움을 스스로가 넘어가게 되면 그전에 알지 못했던 재미라는 친구와 사귀게 되어있다. 왜 있지 않는가, 군대에서 함께 고생한 끈끈한 전우애가 그러하고, 함께 어려움을 이겨낸 동료에게 느껴지는 진한 애정같은 거 말이다.

캘리그라피는 어렵다고 하는 사람들에게 '캘리그라피는 어렵기 때문에 재밌다'라고 말해준다. 너무 쉬우면 서너 번의 수업만으로 나머지 수업들이 소금에 절인 배추처럼 시들해지고 지루하게 느껴진다. 어렵기 때문에 결석도 하지 않고 더 집중하게 되고, 익히는 시간이 길수록 생명력이 오래 지속되는 것이기도 하다. 어려운 지점을 지났다고 쉬워지는 것이 아니라, 여전히 어렵지만 즐기는 재미를 알게 되니 지속할 수 있는 것이다. 캘리그라피의 매력이 바로 이것이다. 그래서 어려움의 한 단계를 올라갔을 때 조금씩 다가오는 붓끝의 획의 맛! 아무나 느낄 수 없는 꿀잼을 기대하시라.

인생에서 수도 없이 만나게 되는 어려운 순간들, 주저하는 순간들, 그리고 멈춤의 순간들을 넘어갈 수 있는 가장 빠른 방법은 그 순간을 부정하거나 외면하지 않는 것이다. 부정한다고 예전의 모습으로 돌아가지도 않을 터이고 외면한다고 물러가지도 않을 것을 이미 알고 있지 않나. 자신만의 방패로 막기도 하고 자신만의 무기로 분명하게 공격하는 것이 시간을 아끼는 가장 좋은 방법일 것이다. 내 마음이지만 스스로 풀어내기가 무척이나 어려울 때 캘리그라피가 내겐 방패가 되어 주었고 무성한 고민의 가지들을 쳐주는 칼이 되었다. 그것이 어려운 캘리그라피가 주는 재미였고 고마움이었다.

세 번째 Q - 설레임 안고書, 심심心心한 배달한다고?

지난 겨울 에어비앤비의 한 매니저로부터 메일 한 통을 받았다. 세계 최대 숙박공유서비스를 제공하는 이 업체에서 공간이 아닌 호스트의 열정을 공유할 수 있는 서비스, 즉 '트립'이라고 부르는 경험experience을 공유할 호스트를 찾고 있다는 내용이었다. 그렇게 트립의 호스트가 되어 활동하게 되었고, 외국관광객들과 열정이야기를 캘리그라피로 풀어가고 있다. 그중 혼자 여행을 온 중국 여성이 기억에 남는 이유는 남기고 싶은 문장을 한글로 준비해 왔을 뿐 아니라 남편과 자녀 그리고 자신에게 보내는 특별한 편지를 적어 우편으로 부칠 것이라고 했기 때문이다.

> 당신은 아름답다
> 넘어진 당신도 아름답다
> 일어서려는 당신은 더 사랑스럽다

닉 부이치치의《삶은 여전히 아름답다》중에서 발췌하여 그녀가 준비해온 문장의 일부이다. 나의 캘리그라피 연습노트에 끈기 있게 따라 쓰며 획과 공간을 이해하고는 한글캘리그라피로 완성했다. 그리고 집으로 돌아간 그녀에게서 감사 메시지를 받았다. 집에 돌아와 느린 배달 편지를 받은 남편과 딸은 물론 자신에게도 큰 감동이 되었다는 말과 함께 말이다. 편지를 설레이는 마음으로 쓰는 기쁨을 다시 한 번 확인시켜준 그녀가 진정한 심심心心한 배달자가 아닐는지.

좋아하는 사람의 이름을 적어보내는 손글씨에 대한 감성은 누구나 기대한다. 말로 하면 사라지고 없어지는 것이 손으로 기록하면 히스토리가 되는 것이다. SNS는 신속한 전달로 수많은 하트를 받게 되지만 단 한사람을 위한 캘리그라피는 느리지만 큰 울림으로 전달된다. 한 중 3 여학생이 친구 생일날 4절지 크기에 손글씨를 빼곡히 적어서 친구의 집에 전하러 갔더니, 그 친구의 감동은 "까~악"으로 시작해서 눈물로 마무리 되었다고 한다. 마음을 진하게 전하는 것에 손편지만한 것을 찾기 쉽지 않다. 내가 한 클라우드 펀딩이 성공한 이유도 여기에 있을 것이다. 마음과 마음을 이어주는 心心한 배달로 받게 되는 캘리그라피 편지는 쓰여진 글씨에 보낸 사람의 목소리까지 들렸다는 훈훈한 후기를 전해주기도 했다.

꼭 타인에게 보내지 않아도 된다. 내가 나에게 보내는 심심心心한 편지만큼 심심하지 않은 편지는 없을 것이다. 묵직한 감동까지 더해서 요 며칠 힘든 날을 보낸 나를 그리고 친구를 위로해주는 비용은 320원. 우표 값만 있으면 되는 가성비 최고의 배달을 해보길 바란다.

나의 이십대 때에 인기 있던 가수가 20여 년만에 다시 방송복귀를 하면서 이런 말을 했다. "우린 너무 일찍 포기해. 미리 겁먹고 누가 우릴 다시 써주겠어 하면서 말이야." 겁먹지 않으면, 그리고 너무 일찍 포기하지 않으면 다시 써준다는 말이 아니겠는가.

마음이 심심한가? 두 개의 종이컵에 작은 구멍을 내고 그 사이 한 줄의 실로 이어 소식을 전했던 놀이처럼 심심한 마음에 캘리그라피로 마음소식을 전하는 배달을 지금 시작해 보자.

Delivery your emotion!

캘리로 여백을 채우다

　한국인의 기대 수명이 남 · 여 모두 세계 1위라는 기사를 보았다. 그렇다면 몇 살까지 사회활동에서 살아남을 수 있을지가 같은 하늘 아래 살아가는 많은 사람들의 깊은 고민일 것이다. 나는 스스로 몸을 움직일 수 있을 동안 하고 싶은 것, 무엇을 해야 즐거울까를 삼십대부터 고민했다. 벽에 걸린 텔레비전만을 보며 보내기에는 남아있는 시간의 무게가 금보다 무거웠기 때문이다. 캘리그라피를 배우게 된 이유 중 하나가 바로 긴 노년의 시간을 보낼 나만의 즐거움이 되어줄 것이라는 확신이 들었기 때문이다. 선택에 후회는 없다. 후회라면 좀 더 일찍 만나지 못한 것일 뿐.

　인생에 동행이 되어줄 나만의 즐거움을 준비할 여유가 없었던 부모세대는 전쟁을 겪으며 어린 나이에 가족부양의 책임을 지고 모진 세월을 보내느라 자기를 위한 치유의 시간을 갖지 못했고 노후를 준비할 여력이 없기도 했다. 고독과 외로움은 누구에게나 있는 친구이다. 노년의 외로움을 자녀가 책임져주길 바라고 해소되지 않는 외로움을 자식의 책임으로 떠넘기기에는 사회의 구조와 의식이 급변했다.

　요즘은 '혼족', '혼밥'시대이고 외로움을 자발적으로 선택해서 자신만의 사생활을 즐기는 데 주저함이 없다. 혼자서 쇼핑하고 혼자서 여행하고 혼자서 술을 마시며, 피곤한 관계 대신 작고 스마트한 친구를 더 좋아한다. 스마트한 친구를 늦게 사귄 나는 같은 공간에서 목소리가 울리는 만남이 좋고, 패드에 쓰는 글씨보다 화선지에 쓰는 것이 더 즐겁다. 그래서 오늘도 '혼캘'을 내 인생의 여백을 채워줄 친구로 글씨수다를 쓴다. 갱년기로 시도 때도 없이 변하는 몸과 마음의 온도로 힘든 시절을 지나가고 있다면 먹향 뿜뿜 캘리그라피를 적극 추천한다.

난 특별한 게 없어요. 사실 난 좀 따분하죠.
내가 농담을 하면 아마 전에 들어 본 적이 있을 거예요.
하지만 내겐 깜짝 놀랄 재능이 있어요.
내가 노래를 시작하면 모두가 귀를 기울이거든요.
그래서 난 감사하고 뿌듯해요
내가 바라는 건 마음껏 노래 부르는 것…

　스웨덴의 전설적인 그룹의 아바의 〈Thank you for the music〉의 한 소절이다. 특별할 것이 없는 자신을 특별하게 해 주는 것이 '노래'라고 하는데, 나에게는 '캘리그라피'로 들린다. 특별한 것도 없고 늘 지루하고 재미없는 일상을 보내던 틈이 보이는 나의 여백을 캘리그라피가 메워주었다고 자신 있게 말할 수 있다.

캘리그라피를 배우러 오는 사람들은 대부분 정적인 것을 좋아한다. 거기에 선명한 이유는 없지만 괜스레 울적하고 쓸쓸한 기분이 드는 감성이 캘리그라피를 쓰는 동안 회복되었다며 내게 감사의 인사를 전해주는 수강생이 늘고 있다. 업무의 피로감, 가정에서의 우울함 그리고 관계에서의 불협화음의 감정선들을 조정하기 위해 캘리테라피를 활용해 보자. 쉼의 여백에 쓰는 한 줄의 캘리로 감정을 산책시켜 보자.

함께 더불어 사는 세상이지만 가끔은 오롯이 자신만의 시간이 필요하다. 자신의 몸과 정신과 마음을 살펴보고 치유할 시간 말이다. 늘 시간에 종종거리며 출강 나가고 택배를 발송하다 보면 미뤄놓았던 산책지시 경보소리가 들린다. 작업실 창문 가득 햇살이 들어오면 나는 먹향 속으로 산책을 나설 것이고, 붓으로 쓰는 획으로 나의 여백을 채워간다. 그리고 나에게 한 마디를 전한다.

"여기까지 오느라 애썼어. 지금이 바로 너의 전성기"라고.

내가 캘리그라피만큼이나 즐기는 것이 커피이다. 커피는 잠으로부터 나의 몸을 깨우고 아침공복을 채운다. 모닝커피로 시작해서 밤까지 적당한 시간에 나눠 마시게 되는데 외부 일정이 있는 날이 아니면 주로 작업실에서 마시게 된다. 내가 좋아하는 캘리그라피와 공통점이 있다.

우선, 색이 진하나 투명하다. 먹물이나 아메리카노의 색은 검정에

내 가는 길에
너를 만나

그 길이

외롭지 않게
해 줘서

고맙다

가까운 진한 색이다. 그러나 한참을 들여다보면 그 속에 내 모습이 비친다. 먹물을 먹어보지 않았으니 맛은 비교불가이지만 색은 친구처럼 가까워 보인다. 그래서 시럽이 들어가지 않은, 투명함을 그대로 볼 수 있는 아메리카노가 좋다.

그리고 커피와 먹물에는 향이 있다. 커피 향은 나른함을 물러나게 하는 향이고 먹향은 얽매였던 감정에서 풀려나게 하는 향이다. 그래서 내게는 매일의 나른함과 소용돌이치는 감정을 정리하기 위해 이 향들이 반드시 필요하다. 이런 향들을 좋아하고 즐기다 보면 언젠가는 나에게도 나만의 향기가 나기를 기대하며 커피 한 잔 머금고 붓을 잡는다.

마지막으로 둘 다 따뜻함을 지니고 있다. 추운 날 두 손으로 잡고 마시는 커피는 손을 따뜻하게 하고 속도 데워준다. 그리고 마음까지 훈훈하게 만들어 준다. 마음의 여백을 따뜻하게 만들어 주는 것에 캘리그라피만큼 가심비가 좋은 것이 있을까? 단 한 사람의 이름을 담아서 전해주는 한 줄에는 그들만이 아는 경험과 추억과 그리고 사랑 이야기가 고스란히 담겨있다. 단 몇 줄의 캘리그라피가 온 마음을 터칭해주는 듯하다. 차갑고 쓸쓸한 공간에서 나를 위로해 주는 것, 커피와 캘리그라피만으로도 충분히 행복하다.

얼마 전 친구가 내 작업실을 커피향으로 가득하게 해주겠다며 사온 티백 커피에는 이렇게 음용방법이 적혀 있다.

티백 커피 음용방법

1. 머그컵이나 종이컵에 개봉한 커피 티백을 넣고 뜨거운 물 200~250ml 붓고 뚜껑을 덮고 2~3분 정도 기다려 우려낸 뒤 티백을 빼고 드십시오.
2. 물의 양을 조절하거나, 티백 우려내는 시간을 조절하여 기호에 맞춰 맛있게 드십시오.
3. 원두커피는 로스팅과 분쇄 후에 가급적 약 1~2달 정도 이내에 드시는 것을 권장합니다.
4. 머그컵 사용 시에는 뜨거운 물로 잔을 한 번 데워주세요.
5. 뜨거운 물을 사용하니 화상 등에 주의하시기 바랍니다.

그래서 캘리그라피 사용방법으로 바꿔 보았다.

캘리그라피 즐기는 방법

1. 하루에 한 시간, 책상에 하얀 화선지를 올려놓고 묵혀 놓은 감정찌거기를 5장에 빼낸 뒤 5장에 일상의 감사를 적어보십시오.
2. 마음이 건조하거나 추울 때는 먹물에 물을 넉넉히 넣어주면 붓끝을 타고 마음에 번져서 촉촉하고 따뜻하게 만들어 줍니다.
3. 생각을 멈추고 싶다면 벼루에 먹을 직접 갈아서 사용하시기를 권장합니다.
4. 선물용으로 작업할 시에는 받으시는 분의 얼굴을 떠올리며 작업해 주세요.
5. 뜨거운 마음을 담아주시면 감동의 온도가 더욱 올라가니 참고하시기 바랍니다.

힐링캘러여서 참 좋다

백세시대를 살아야 하는 나에게 51.7세는 막 반환점을 지난 지점이고 아직 더 뛰어갈 수 있는 힘을 남겨놓은 나이로 다가온다. 그런데 현실은 달려온 곳으로 되돌아가지 말고 다른 길을 찾아 뛰어가라는 나이로 발표가 되었다. 작년 잡코리아에서 남녀직장인 635명을 대상으로 체감퇴직연령을 조사한 결과이다. 특히 여성과 대기업 종사자들의 체감퇴직연령은 더 낮은 49.8세로 나왔다. 막 오십을 넘은 나이에 새로운 문고리를 찾지도 못한 채 문밖으로 밀려나오게 된다.

직장을 오래전에 그만 두었던 나에게도 숫자가 주는 불안감과 신체의 변화로 겪는 감정의 불규칙이 찾아왔다. 캘리그라피는 인생에서 가장 어두웠을 때 내가 만난 문이었다. 내일이 보이지 않는 어둠 속에서 빛으로 다가와 주었고, 사방이 막힌 공간으로 숨 쉴 수 있는 바람처럼 들어왔다. 그리고 나에게 업業이 되어 주었고 인생 시즌2를 열어주었다.

"비관론자는 매번 기회가 찾아와도 고난을 보지만 낙관론자는 매번 고난이 찾아와도 기회를 본다."

영국의 총리였던 윈스턴 처칠이 한 말이다. 내가 캘리그라퍼가 되지 않았다면 도전을 불신하는 자로, 열정을 의심하는 자로 남았을 것이다. '죽이 되든 밥이 되든 한 번 해볼걸!', '사업계획서 한 번 써볼 걸' 하고 후회만을 늘려가는 껄껄인생으로 남게 되었을지도 모르겠다.

캘리그라피를 하면서 고집스럽고 꼰대 같은 생각이 변하기 시작했다. 부정적인 생각이 캘리그라피를 통해서 정화 되어 긍정적으로 바뀌어갔고 뾰족했던 말이 점점 둥글어져 갔다. 아이의 잘못에 불같이 소리쳤던 감정을 다스리는 힘이 캘리그라피를 할수록 차곡차곡 쌓이고 있다. 그렇게 나의 비관적인 사고가 낙관론자로 변하면서 기회를 잡게 된 것이다.

인생을 시간으로 계산하면 마흔다섯 살은 대충 오후 2시 반을 가리킨다. 오후 2시를 넘어가면 스스로 새장 문을 열고 문 밖으로 나갈 준비를 해야 한다. 이 시기에 자신을 살피는 과정이 필요하다. 희생이라는 이름으로 꾹꾹 눌러놓았던 감정을 씻어내고 참고 희생하는 것만이 엄마의 사랑이라는 강박에서 벗어나자.

결혼을 하고 아이가 생기지 않아 전국을 돌아다니며 약을 먹었던

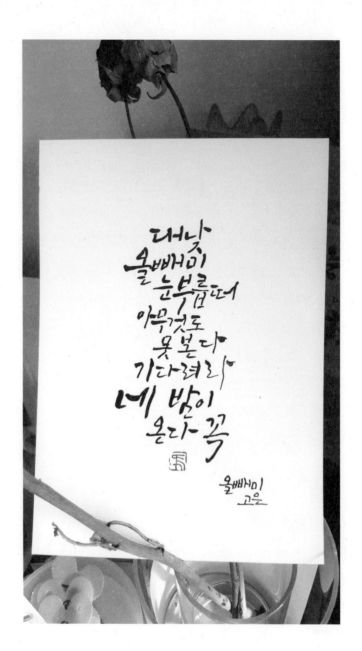

대낮
올빼미
눈부릅떠
아무것도
못 본다
기다려라
네 밤이
온다 꼭

올빼미
고은

적이 있다. 그렇게 힘든 6년의 시간을 보냈는데 직장을 그만두고 바로 다음 달에 아이가 생겼다. 어렵게 얻게 된 아이에게 기다린 날만큼의 많은 정성을 쏟았다. 고슴도치 엄마의 가시를 자녀에게 향하게 되는 시기가 오리라고는 전혀 상상하지 못했다. 그때 나는 문을 열고 나와서 캘리그라피와 함께 저벅저벅 걸어갔다. 많이 힘들어서 더 이상 생각이란 것을 하고 싶지도 않았고, 고민한다고 해결되지 않는다는 것에 절망했었다. 그냥 상처 주는 공간에서 나오고 싶었다. 아마 많은 엄마들이 공감할 것이다.

사랑하는 사람이 주는 상처는 계속 봐야 하기 때문에 쉽게 아물 겨를이 없다. 드러내지 않고 감춰놓은 상처는 아물지 않고 계속 덧나기만 한다. 관계의 균열이 보이는 것이 불안하고 사소한 말에 민감하게 반응하며 화를 주체하기 힘들다. 바로 그때 신발을 신고 문을 열고 나서자. 그렇게 오후 2시 반에 붓을 잡고 요동치는 감정들을 먹물에 실었고, 화선지 위에 토해내었다. 아주 후련하게 말이다.

내 마음이 어두워서인지 그때는 먹물이 시커멓게만 보였다. 음울했던 감정들을 먹물로 내뱉었다. 성숙하지 못한 나의 태도들, 후회스러운 행동들 그리고 버리고 싶은 습관들을 획에 담아 화선지에 긋고, 그 화선지를 버리면서 마음의 앙금들도 조금씩 버려졌다. 감추고 눌러놓았던 묵은 감정들을 화선지에 쓰고 버리기를 6개월 정도 하고 나니, 이제는 좋은 말들을 쓰고 싶어졌다.

불안한 감정으로 변덕스러웠던 관계도 일관성 있게 유지할 수 있게 되었다. 감정선이 일정하게 되니 캘리그라피를 쓰는 획에도 흔들림이 줄어드는 게 보였다. 앞에서 말했듯이 안정된 획을 쓰기 위한 역입과 중봉의 연습이 마음에도 연습되어졌음을 확인하게 되었다. 나도 모르게 마음을 잡고 있는 획이라니, 정말 놀라운 힘이었다.

지금까지의 자신을 거슬러 다시 긋는 역입 획을 통해서 어제의 고단함을 힐링한다. 그 비밀스러운 쓰기는 오늘도 계속되고 있다. 이렇게 나는 '힐링캘러'를 꿈꾼다. 누구의 도움 없이 자가치유가 가능한 캘리그라피로 말이다. 혹독한 겨울을 지나고 만나게 되는 봄의 향기가 더욱 진하게 느껴지는 것처럼, 마음이 요동치며 생긴 수 없는 균열과 상처는 더 간절히 회복을 바란다. 간절한 회복을 바라는 이들에게 캘리그라피로 알게 된 캘리 쓰기의 경험을 나누고 싶다.

대부분의 사람들은 편안하고 안락한 삶을 원한다. 그러나 편안하고 안락할 때 나는 성장하지 않았다. 한결같다고 좋게 표현하지만 정지한 것이고, 뒤로 밀려나는 기분이었다. 고통스러운 위기의 순간을 마주하자 담대하게 용기 낼 수 있었고 행동을 통해 앞으로 성장할 수 있었다. 그때 마주했던 고통이 인생시즌2를 남들보다 조금 일찍 시작하게 밀어주었다고 생각한다. 캘리그라피로 막막함에서 빠져 나와 캘리그라피로 사업에 도전해서 성장하고 있으며, 이제는 '힐링캘러'로 다행多幸스러운 내일을 기다린다.

나는 이제 캘리그라피로 세상에서 하나뿐인 당신의 꿈을 지지하고 함께 하려고 한다. 혹시 지금 복잡했던 생각 때문에 마음이 무겁다면 바로 붓을 잡고 먹물로 그 무거움을 덜어내어 보아라. 불평하는 시간과 투

덜대며 소비하던 에너지를 자신을 위해 사용해 보자. 큰 돈 들이지 않고 혼자만의 시간을 즐길 줄 알게 될 것이고, 머지않아 그 즐거움을 누군가와 함께 나누고 싶은 마음까지 들게 될 것이다. 그렇게 시작한 캘리그라피로 꿈을 꾸는 사람들이기 늘어나기를 바란다.

　나에게는 멘토캘리그라퍼가 되는 꿈이 남아 있다. 아무도 알려주지 않아서 물어물어 와야 했던 그 길에 대한 안내자가 되어주려 한다. 캘리그라피로 도전을 하는 이들에게 힘이 되어 줄 수 있어서 다행이다. 오늘 당신이 아래로 흘린 땀과 눈물이 있어야 당신의 꿈은 위로 성장하게 될 것이다.

은은하게 퍼지고, 진하게 남아라

한 청년이 대학을 졸업하고 박물관에 임시직으로 일하게 되었다. 그리고 매일 일찍 출근해서 박물관 바닥을 닦았다. 항상 행복한 표정으로 그 일을 했다. 그 모습을 유심히 지켜보던 사람이 물었다.

"대학까지 나온 사람이 바닥청소를 하는 것이 부끄럽지 않습니까?"

그러자 청년은 미소를 지으며 대답했다.

"이곳은 그냥 바닥이 아니에요. 박물관이지요."

그는 성실성을 인정받아 박물관의 정직원으로 채용되었고, 오래전부터 하고 싶은 일들을 할 수 있게 되었다. 알래스카 등을 찾아다니며 고래와 포유동물에 대한 연구에 몰입하고, 몇 년 후에는 세계에서 가장 권위 있는 고고학자가 되었다. 나중에는 미국 뉴욕에 있는 자연사 박물관 관장까지 맡은 이 사람은 로이 채프먼 앤드루스 박사이다.

성실함이란 정성스럽고 참됨을 변함없이 행동하는 것이다. 누가 보든 보지 않든 일관된 태도를 유지하는 것이다. '태도는 재능보다 중요하다'는 말처럼 뛰어난 재능보다는 어떤 태도로 살고 행동하느냐가 더 중요하다. 소질이 없는 것에 불평하는 소리를 자주 하지만 부족한 소질을 성실하게 연습해 채워나가는 것은 쉽게 하지 않는다. 수강생들의 출결사항을 보면 성향을 약간 미루어 짐작할 수 있다. 캘리그라피를 강의하는 기간은 보통 3개월 단위로 이루어지는데, 토요일 수업은 특히나 직장인들이 많이 수강한다. 주말 아침, 자신에게 주어진 달콤한 늦잠의 유혹을 물리치고 나오기 때문에 이 수업이 힐링이 되는 시간임에는 분명하다. 보통 20여명 수강생으로 시작하지만 회차가 거듭할수록 결석생이 생기게 된다. 당연히 저마다의 개인사정이 있으니 그럴 수 있다. 12번을 다 출석하는 사람도 흔하진 않지만 간혹 있다. 그런 수강생은 수업시간에 정말 성실하게 임한다. 소질, 재능 운운하지 않고 성실함으로 소질을 극복하고 가장 완성도 있는 종강작품으로 박수를 받는다.

지난 수업에서 12번을 개근한 수강생에게 '정말 수고하셨다'고 칭찬을 하려는 순간 그 수강생이 먼저 입을 열었다.

"선생님, 참 성실하세요. 제가 이것저것 여러가지 배워봤는데 이렇게 하시기 쉽지 않아요."

수업시간 내내 별 말씀 없었던 터라 마지막 수업시간에 내게 건넨 그 한 마디가 정말 특별하게 기억된다. 10년의 강의에서 처음 들어본 한 마디였다. 어쩌면 10년 동안 그리 성실하지 못했을 수도 있다. 그러나 긴 시간 속 수많은 사람들과의 관계에서 낮아짐을 배우게 되었고, 캘리그라피를 쓰면서 감정을 조절하는 능력도 자라난 듯하다. 22명의 3시간, 66시간에 대한 책임감을 늘 가지고 있다. 약속이든 늦잠이든 포기하고 나온 시간을 후회하며 돌아가게 할 수 없다는 것이 내 강의 철학이다. 그런 나의 책임감을 그 수강생이 성실함으로 읽어준 것으로 여긴다. 대단한 강사는 아니지만 주어진 위치에서 만나는 한 사람 한 사람에게 최선의 것을 나누고자 했던 노력에 상장을 받은 기분이었다.

내게는 캘리그라퍼라는 작가와 캘리그라피를 가르치는 강사 그리고 캘리그라피 디자인 상품을 판매하는 회사의 대표로 3개의 명함이 있다. 캘리그라피 작가로서 성실한 연습을 하지 않는다면 더 이상 발전하지 못할 것이다. 내가 가진 것이 풍성하지 않으면 보여줄 것도, 가르칠 것도 없음을 알기에 부단히 다듬고 채워가고 있다.

나를 사업자로 만들어준 것 역시 캘리그라피이다. 2014년 KT여성희망창업에 사업계획서를 내고 면접을 보는 심사위원들의 반응에서 캘리그라피에 대한 확신이 더욱 단단해졌다. 우수상을 수상하면서 창업자금을 지원받고 '필筆소굿캘리'의 대표가 되었다. 처음 사업을 하면서 무수한 시행착오를 겪었다. 한 번에 끝낼 일도 서너 번의 발품을 팔아야만 마무리가 되는 것은 허다했고, 물어물어 여기까지 오는 동안의 감당해야 했던 나만의 수고는 경험이자 자산이 되었다. 이제는 누군가의 이정표가 되었으면 한다.

〈터널〉이라는 영화에는 주인공이 뒷좌석에 딸아이의 생일을 축하하기 위한 케이크를 싣고 휴대폰으로 전화를 하면서 터널을 향해 운전

하는 장면이 등장한다. 터널만 지나면 가족과 함께 즐거운 오후를 보낼
수 있을 것이다. 터널은 산으로 막혀있는 것을 뚫어놓아 산 이편에서 저
편으로 연결시켜주는 것이니 일정 거리를 지나면 확실하게 나올 수 있
는 구간이다. 그러나 그 연결통로가 갑자기 차단되어 버린다. 영화는 물
리적인 차단뿐 아니라 주인공이 세상과도 차단되는 과정들을 보여준
다. 그 어두움 속에서 빛이 되고 바깥 세상과의 유일한 연결이 되어주던
휴대폰 역시 제한적인 연결을 이어주다 무용지물이 되고 만다. 시간이
지나면서 모든 것이 사라지고 완벽한 어둠 속의 주인공은 혼자 남겨진

다. 기기가 줄 수 있는 빛은 제한되어 있고 건전지가 없으면 곧 사라지고 만다. 그러나 주인공은 단절된 그곳에서 함께 생존해 있던 유일한 사람에게 유한한 빛을 나눠주고 딸의 생일 케이크도 나눠준다.

이 영화를 보면서 나는 우리 모두가 각각의 빛을 가지고 있다는 생각이 들었다. 우리는 세상에 태어나 밝기의 세기를 조절하면서 빛을 가장 효율적으로 사용하는 지혜를 배워가고 있는 것이다. 스스로를 비춰주기도 하지만 때로는 타인을 위해 기꺼이 그 빛을 나눠주기도 한다. 인간이 가지고 있는 고유한 빛은 아무리 나눠준다고 해도 결코 사라지지 않는다. 도리어 희망과 용기의 빛을 나눠줄수록 빛이 퍼지는 범위는 넓어질 것이고 빛을 모을수록 빛의 힘은 강해진다.

나는 그냥 느낌이 좋은 캘리그라피를 하는 것이 아니다. 붓으로 누군가에게 빛이 되고자 하는 '필筆소굿캘리'를 하는 것이다. 서로가 서로를 비춰주고 있는 인간에 대한 사랑이 어두운 터널을 빠져나오게 했던 것처럼 붓으로 쓰고 마음으로 읽게 만드는 캘리그라피로 새로운 도전을 준비한다.

독일 마르켈 총리가 '혼자 가면 빨리 갈 수 있지만 함께 가면 멀리 간다'고 말했던 것처럼 나 역시 같은 방향으로 나가려는 이들과 함께 가기 위한 준비를 하고 있다. 꿈을 꾸고는 싶으나 용기가 없어서 망설이는 언니에게, 어떤 일을 하기 전에 할 수 없다고 두려워하는 동생들에게, 그리고 도전하고 싶으나 방법을 몰라서 헤매는 많은 예비 캘리그라퍼들에게 길을 안내하려고 한다. 당신의 캘리그라피가 먹향처럼 은은하게 퍼지고, 먹색처럼 진하게 남게 되리라는 확신의 1획, 이제는 당신도 할 수 있다.

마지막으로 스스로의 능력에 보내던 의심을 걷어내고 끝까지 나를 믿고 따라와준 수강생들의 종강작품 표지에 써주었던 '그대에게 보내는 한줄'을 나에게 보낸다.

"나의 인생시계는 캘리그라피라는 시계바늘을 가지고 잘 돌아가고 있다."고.

쓰기만 해도 인생이 달라지는 1획의 비밀

캘리 쓰기의 힘

발   행 ┃ 2018년 2월 25일

—

지은이 ┃ 김정주

—

만든이 ┃ 이은영
만든곳 ┃ 오후의책
등   록 ┃ 제300-2014-14호
주   소 ┃ 세종시 마음로 18
메   일 ┃ ohoonbook@naver.com
전   화 ┃ 070-7531-1226
팩   스 ┃ 044-862-7131

—

ISBN ┃ 979-11-87091-10-3   03190
값   ┃ 15,000원